업타임

UP
업타임

UPTIME

로라 메이 마틴 지음 | 이현 옮김

다산북스

"이 책은 분주함을 평온함으로,
혼돈을 균형으로 바꿔놓는다!"

– 조너선 로젠버그(구글 전 수석 부사장)

업타임이란 무엇인가?

지난 토요일 팝콘을 먹으며 넷플릭스 드라마를 열 시간 동안 몰아 봤다. 이른 오후에 30분간 낮잠을 잔 게 유일한 휴식 시간이었다. 그런데 그날이 내 인생에서 가장 생산적인 하루였다. 어떻게 그럴 수 있느냐고?

아주 구시대적인 사고방식에서는 더 열심히, 쉼 없이 일해야만 일을 잘하는 것이라 생각했다. 이 관점에서 보면 아직 해야 할 일이 남았는데 주말이 되었다는 이유로 쉰다면 큰 문제가 된다. '생산성'을 '해야 할 일을 얼마나 많이 처리하는지'로 여기기 때문이다. 하지만 '할 일 목록(To-Do List)'에 적은 모든 일이 정말 꼭 해야 할 일인지 어떻게 알 수 있을까? 뭔가를 처리하기로 시간을 정해두었지만 현재 나의 에너지 수준을 고려할 때, 지금이 과연 가장 좋은 결과를 낼 수 있는 때인지 어떻게 확신할 수 있을까? 오늘 일을 너무 많이 하면 지칠 대로 지쳐버려 내일 좋은 아이디어가 떠오르지 않을 수도 있는데 말이다.

의도와 행동이 일치할 때 일의 결과는 가장 좋아진다. 내가 드라마를 몰아 본 날, 남편은 다정하게도 내가 편히 쉴 수 있도록 세 아이를 데리고 시댁에 갔다. 그날 나의 '의도'는 '푹 쉬면서 좋아하는 드라마를 몰아 보는 것'이었고 내 '행동'은 '방해받지 않고 소파에 기대어 드라마를 전부 즐기는 것'이었다. 이 둘이 맞아떨어졌으니 그날은 가장 생산적인 날이라 할 수 있다. 지금 우리에게 필요한 새로운 일의 방식은 다음과 같다.

- 하고 싶은 일이 무엇인지 분명하게 안다.
- 그 일을 해내기 위한 가장 적절한 타이밍과 장소를 찾는다.

– 정해진 시간 안에 해낸다.

이 세 가지가 꾸준히 잘 이루어질 때 '업타임(Uptime)'을 찾았다고 할 수 있다. 업타임은 컴퓨터가 작동하는 생산적인 시간을 말한다. 이 개념을 우리의 현실로 가져온다면, 업타임은 '어떤 일이든지 해낼 수 있는 에너지가 충만한 최적의 시간'을 말한다. 업타임은 직장인이나 경영자의 일에도, 학생들의 공부에도, 가정에서의 집안일에도, 예술가의 창작 활동에도 모두 적용된다. 업타임은 단순히 생산성이 최고인 시간을 말하는 게 아니라 가장 생산적인 날에 우리에게 흐르는 모든 에너지를 말한다.

업타임은 '몰입'을 느끼고, 일을 완수하고, 할 일 목록에 적은 일을 지워가는 시간이다. 또한 쉬기로 한 시간 동안 일에서 손을 떼고 편하게 휴식하면서 그 시간에 오롯이 집중하는 때이기도 하다. 하고자 하는 일이 무엇이든 그것을 하는 동안 기분 좋은 경험을 하게 된다. 그래서 업타임은 몰입의 상태와 비슷하다. 이미 잘할 수 있는 환경을 조성했기 때문에 할 일을 정한 후 쉽게 해낼 수 있다. 단순히 일을 끝내는 것 이상으로 명료함과 집중력이 있을 때 솟아오르는 에너지이며

한 주를 가뿐히 잘 보내고 있을 때 느껴지는 편안함이다. 일에서나 삶에서나 최상의 컨디션을 느끼면서 결과물을 내놓을 수 있다. 업타임 상태일 때 생산적이면서 동시에 에너지가 충만하다고 느낀다.

이제 우리는 생산성에 대한 오래된 오해에서 벗어나야 한다. 쏟아지는 일을 연이어 처리하거나 끊임없이 작동하는 상태는 절대 생산성이 높은 상태가 아니다. 대신 이제 업타임의 상태로 나아가야 한다.

업타임을 따지지 않고 일을 하면, 어떤 일을 하더라도 버겁게 느껴진다. 직장에서 일을 하면서 분명 많은 일을 하고 있는데도 일이 계속 쌓이는 것 같아 답답함을 느낀 적이 있을 것이다. 약 14년 전 영업직으로 구글에 입사했을 때 나도 비슷한 경험을 했다. 영업 사원으로 일하며 50곳이 넘는 고객사를 관리했는데, 처음에는 쏟아지는 이메일 요청에 정신을 차릴 수 없었다. 하나의 메일을 보내고 나면 새로운 메일이 세 개씩 도착하곤 했다. 메일이 올 때마다 일일이 처리하는 방식으로는 도저히 제대로 된 업무를 볼 수 없었다. 메일 업무 외에도 나의 손길을 기다리는 다른 일들이 쌓여갔기 때문이다.

요청과 문의는 쏟아지는데 해결하지는 못하고 계속 일이 들어오기만 하는 상황이 반복되었다. 그래서 나는 수신함을 '업무 흐름 현황판'으로 정리해 버렸다. 업무의 대부분을 차지했던 영업 전화를 화요일부터 목요일까지만 처리하는 것으로 제한했고, 월요일에는 전화 준비를, 금요일에는 결과를 정리해서 고객사에 보내기 시작했다.

주변 동료들은 내가 어떻게 그 많은 이메일을 다 처리하고, 고객들을 관리하고, 업무에 만족하며 일할 수 있는지 궁금해했다. 사무실에 가장 먼저 출근하거나 가장 늦게까지 남아 있지 않고도 어떻게 목표를 모두 달성할 수 있냐고 묻기 시작했다.

얼마 지나지 않아 내가 가장 잘하는 일은 '영업'이 아니라 '시간과 업무 흐름 관리'라는 게 분명해졌다. 그 후 나는 신입부터 임원까지 모든 구글 직원에게 내가 개발한 구글 생산성(Productivity@Google) 프로그램을 교육하기 시작했다.

이제 나는 구글의 최고경영자(CEO) 사무실에서 일한다. 많은 일을 해내는 방법과 그 모든 일을 하면서도 평온함과 자기중심을 잃지 않는 법을 임원들에게 교육한다. 인턴, 신입, 중간관리자, 대부분의 고위 임원들 그리고 다른 기업의 직원들까지 직급과 상관없이 모두가 최고의 상태에서 일할 수 있도록 지원한다. 구글 직원의 3분의 1 이상이 구독하는 뉴스레터를 발행하고, 수만 명의 전문직 종사자들이 참여하는 워크숍을 진행한다. 그리고 이 모든 일을 네 살이 안 된 세 자녀를 키우며 해낸다.

이 책을 통해 나는 업타임이라는 새로운 의미의 생산성을 강조하는 이유와 이를 실천하는 데 도움이 된 전략을 설명하려 한다. 이 책은 구글 직원만을 위한 책이 아니며, 임원이나 직장인만을 위한 책도 아니다. 자기 시간의 주인이 되어 차분한 성취감을 느끼고 싶어 하는 모든 이를 위한 책이다.

업타임은 자신을 온전히 하나의 인간으로 이해하는 데서 시작한다. 직장에서 혹은 직장 밖에서 당신을 행복하게 해주는 것은 무엇인가? 집중력과 일의 능률이 높아지는 당신만의 리듬을 알고 있는가? 언제 회의에 가장 적극적으로 참여하는가? 메일에 답장을 해야 한다는 생각에 사로잡히는 이유는 무엇인가? 누구에게도 방해받지 않는 시간이 필요하다고 느끼는 때는 언제인가? 이 질문에 답하는 것에서 업타임은 시작된다.

이제 세계의 여러 회사에서 재택근무나 자율출퇴근제를

도입했고 우리는 9시에 출근해서 6시에 퇴근하는 것만이 정답이 아님을 알게 되었다. 일하는 시간을 더 효율적으로 보내기 위해 업무량과 업무 시간, 스케줄을 관리할 수 있는 도구와 기술이 더욱 중요해졌다. 업타임에 도달하기 위해 우리는 우리의 상태를 전체적으로 파악해야 한다. 즉 우리가 무엇을 달성할 수 있는지, 어떻게 달성할지, 일하며 얼마나 행복을 느끼는지, 창의적으로 접근하며 꾸준하게 일할 수 있는지, 번아웃에 빠지지는 않았는지를 모두 고려해야 한다.

업타임을 중심으로 업무를 재구성하도록 이끄는 것이 이 책을 출간하게 된 이유다. 메일을 정리하다가 업무 흐름 현황판을 만든 때부터 내가 일터에서 터득한 모든 것을 알려주기 위해 책을 집필했다. 그러나 그것만이 전부는 아니다. 업타임에 대한 생각을 가다듬고 글로 옮긴 또 다른 목적은 나 자신을 더욱 개발하기 위해서였다. 업타임은 각자의 상태를 최적화 모드로 올려놓는 데 목적이 있기에, 자신의 현재 상태를 파악하고 이에 따라 적절한 변화를 주어야 한다. 나 역시 모든 잠재력을 발휘하는 업타임에 도달하기 위해 여전히 노력하고 있다. 당신이 이 책에서 소개하는 원칙과 방법을 따르려고 노력할 때 나 역시 같은 노력을 기울이고 있을 것이다.

이 책을 다 읽을 즈음이면 마음이 가뿐해지고, 에너지가 솟아나며, 직장에서나 가정에서나 해야 할 일들을 더 잘 관리할 수 있다는 느낌이 들 것이다. 더 중요하게는 제때가 아니라면 하지 않아도 된다는 느낌을 분명히 받을 수 있을 것이다. 그리고 제때가 왔을 때 훌륭하게 수행하게 될 것이다.

업타임은 업무를 지속 가능하게 한다. 바쁜 날과 생산적인 날의 차이는 결국 에너지, 주의력, 실행력을 얼마나 쓸 수 있는지에 따라 달라진다. 이를 잘 파악하여 업타임을 실천한다면 업무 시간 중 단 세 시간만 집중하더라도 필요한 모든 일을 해낼 수 있다. 몰입하기 위한 여러 도구가 있겠지만, 중요한 것은 도구 이면에 있는 '의도'이다. 업타임은 우연히 생기지 않는다. 의도해야 생긴다. 중요한 일을 신중하게 선별하고 훌륭하게 실행하는 업타임에 이르기 위해서 내가 10년 넘게 구글의 생산성 고문으로 일하며 기업 임원을 코칭하고 신입과 동료를 위해 교육 프로그램을 개발하면서 다듬어 온 원칙을 만나보자.

생산성 원칙: 5C

산업혁명 이래로 우리는 1인당 산출량과 조립라인의 생산성 평가표를 기준으로 측정된 결과를 효율성의 지표로 여겼다. 하지만 가장 일을 잘하는 사람은 단순히 결과를 많이 낸 사람이 아니다. 생산적인 사람에게는 두 가지 주요한 특징이 있다. 바로 '비전'과 '실행'이다.

머릿속을 맴도는 해야 할 일을 하나의 루프라고 생각해보자. 그 일은 어떤 아이디어를 떠올리는 일일 수도 있고, 통찰하는 일일 수도 있고, 누군가에게 할 말을 생각하는 일일 수도 있다. 새로운 일을 떠올리는 일, 새로운 루프를 여는 것이 바로 '비전'이다. 이를테면 아이디어를 하나로 모으기, 뭔가를 제대로 이해하기, 전에 연관시킨 적 없는 두 아이템을 서로 연관 지어 생각하기 등 해야 할 무언가나 어떤 문제를 푸는 새로운 방법을 떠올리는 것이다.

'실행'하면 이 루프가 닫힌다. 실행의 단계는 해야 할 일들을 완수하고, 다음 단계로 나아가는 등 비전에 따라 행동하는 일이다. 좋은 비전을 가진 사람은 루프를 많이 연다. 반대로 실행력이 좋은 사람은 루프를 많이 닫는다. 그리고 생산적인 사람은 둘 다 한다. 비전을 가지고 그것을 바탕으로 실행하기 때문이다.

당신은 루프를 여닫는 주기에 따라 하루를 보낸다. 팀이 맞닥뜨린 문제를 해결해 줄 멋진 아이디어가 떠올랐다면 하나의 루프가 열린 것이다. 그 아이디어를 실행하는 방법에 관해 팀원들에게 이메일을 보내는 건 루프를 닫는 일이다. 많은 사람들이 루프를 닫는 일에 지나치게 매몰되어 새로운 루프가 나타날 시간을 주지 않는다. 이럴 때는 실행만 있고 비전은 없다. 그런가 하면 훌륭한 아이디어를 많이 가지고 있지만 결코 실행하지 않는 사람도 있다. 루프를 닫고 있거나 해야 할 일 목록을 지워가고 있지만 새로운 아이디어를 내거나 브레인스토밍을 하는 등 새로운 루프를 열고 있지 않다면, 생산성 방정식의 절반만 채우고 있을 뿐이다. 일을 잘 해내려면 비전과 실행이 모두 필요하다.

임원들에게 최고의 아이디어 혹은 '새로운 루프'가 언제 떠오르는지 묻자 가장 많이 나온 세 가지 대답은 ①샤워 할 때, ②출퇴근할 때, ③요리나 개 산책을 할 때처럼 업무와 무관한 일을 할 때였다. 우리의 뇌는 이러한 다운타임(휴식 시간)이 있어야 회복해서 새로운 아이디어를 떠올릴 수 있다. 반면 회의에 몰두하거나 이메일 수신함을 분류할 때 아이디어가 샘솟는다는 답은 나오지 않았다. 이러한 활동에는 새로운 루프가 떠오를 여지가 별로 없다. 고무줄을 멀리 날리기 위해서 최대한 뒤로 당겨야 하는 것처럼, 더 많이 성취하기 위해서 때로는 뒤로 물러서서 멈춰야 한다. 그러니 전략적으로 활용한다면 휴식 시간도 생산적인 시간이 될 수 있다.

루프의 주기를 이해하면 비전과 실행의 가치를 이해하는 데 도움이 된다. 루프는 내가 '생산성의 5C'라고 부르는 흐름을 따라 이동한다.

이것이 바로 새로운 비전에서 시작해 실행하는 단계에 도달하는 주기이며 이 주기는 일하는 동안 끊임없이 반복된다. 이 프로세스만 따라가면 확실하게 모든 루프를 닫아 모든 일을 달성할 수 있다.

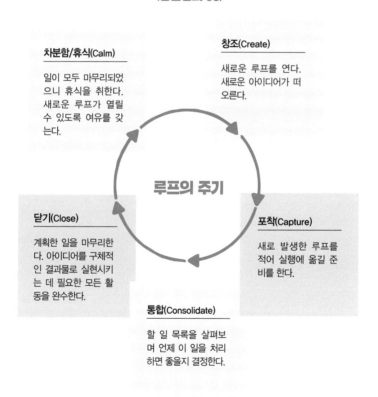

〈생산성의 5C〉

차분함/휴식(Calm)
일이 모두 마무리되었으니 휴식을 취한다. 새로운 루프가 열릴 수 있도록 여유를 갖는다.

창조(Create)
새로운 루프를 연다. 새로운 아이디어가 떠오른다.

루프의 주기

닫기(Close)
계획한 일을 마무리한다. 아이디어를 구체적인 결과물로 실현시키는 데 필요한 모든 활동을 완수한다.

포착(Capture)
새로 발생한 루프를 적어 실행에 옮길 준비를 한다.

통합(Consolidate)
할 일 목록을 살펴보며 언제 이 일을 처리하면 좋을지 결정한다.

- **차분함/휴식:** 일과를 모두 마친 후 개를 산책시켰다.
- **창조:** 산책 중에 다음 광고 캠페인에 대해 고객사에게 제시할 멋진 아이디어가 떠올랐다.
- **포착:** 아이디어를 메모에 적는다.
- **통합:** 그날 저녁, 내일 할 일을 작성하면서 오전 10시에 고객사에 전화를 걸어 아이디어를 전달하기로 정한다.
- **닫기:** 고객사와 논의하고 그 아이디어를 캠페인에 추가하기로 결정한다.

루프의 주기 속에서 균형 찾기

스마트폰이 등장했을 때 장소에 상관없이 일을 처리할 수 있으니 시간을 절약할 수 있겠다고 생각했다. 그런데 오히려 터치 한 번으로 이메일을 확인할 수 있게 되자 모든 문제가 더 시급한 일처럼 느껴진다. 그런가 하면 장소와 상관없이 문자를 끊임없이 주고받아 지금 현재 마주하고 있는 상황에 오롯이 집중하기 어렵다. 작정하고 규칙을 정해 사용하지 않으면 시간을 절약하기는커녕 오히려 낭비하는 불상사가 생길 수 있는 아이러니가 발생한 것이다.

게다가 우리는 과거 그 어느 때보다 회의를 더 많이 한다. 심지어 회의에 대한 회의까지 한다. 복도에서 만난 동료에게 요즘 어떻게 지내냐고 물었을 때 빡빡한 일정과 연이은 회의 때문에 화장실 갈 짬도 없다는 답을 듣는 경우가 허다하다. 아마 당신도 마찬가지일 것이다.

지금까지 우리는 이런 근무 스타일을 지나치게 미화했다. 지나치게 바쁜 상태를 일을 잘하고 있는 상태로 생각하기 시작했다. 바쁜 것과 중요한 것을 혼동해서 바쁜 사람을 중요한 사람으로 여겼다. 하지만 단순히 바쁜 건 지속 가능한 근무 환경을 조성하기에 좋은 방법이 아니다.

어떤 최고위 임원들은 계획을 최대한 여유롭게 잡고 상당한 시간을 브레인스토밍, 뉴스 읽기, 새로운 아이디어나 비전 만들기 혹은 홀로 생각하기에 사용한다. 회의와 회의 사이에 정보를 재분류해서 처리하기 위해 구조화되지 않은 시간을 갖는 게 중요하고, 일을 진척시키려면 홀로 생각하는 게 가장 효과적인 방법임을 알기 때문이다. 그렇다면 왜 우리는 아직도 바쁜 것이 곧 성취의 신호이며 많은 회의에 들어가는 게 명예 훈장이라고 생각하는 것일까? 이제 대세는 바쁨이 아니라 균형이다.

높은 성과=흐름+집중

우리는 더 많은 시간을 원하지만 시간은 늘 부족하다. 설령 그런 시간을 찾아낸다 해도 해야 할 일이 어김없이 생겨난다. 예를 들어 정말 중요한 프로젝트를 위해 일정표에 화요일 오전 9시부터 11시까지 일하기로 계획을 세웠다고 치자. 컴퓨터를 열고 신규 메일을 확인하다 보니 벌써 9시 13분이다. 작성해야 할 문서를 열고 어떤 제목을 붙일지 몇 분간 생각하는데 메시지가 온다. 9시 32분이다. 다시 컴퓨터 화면을 보니 열려 있는 탭에 당신이 예전부터 끝내려고 한 일이 있고, 지금 하고 있는 일보다 이 일을 마무리하는 게 더 쉬울 것 같다. 곧 10시 5분이 된다. 다급해 보이는 새로운 이메일이 메일함에 도착해 눈길을 빼앗긴다. 10시 36분이 되자 문득 궁금해진다. 다음 회의까지 20분밖에 남지 않았는데 이 일을 지금 시작하는 게 맞을까? 갑자기 우리가 마주한 문제들 가운데 시간이 가장 뒷전으로 밀리는 것처럼 보인다. 왜 이런 일이 벌어질까?

시간은 유한한 자원이지만, 우리는 시간을 무한히 쓸 수 있는 것처럼 행동한다. 새로운 프로젝트를 맡으면 어디서 시간을 끌어와야 할까? 새롭게 보고해야 할 일이 생기면 누가 혹은 무엇이 내 시간과 관심을 덜 받게 될까? 격주마다 참석해야 하는 새로운 회의가 잡히면 그 시간에 대신 할 수 있는 일은 무엇일까? 이렇게 하나가 생기면 다른 하나를 잃는다는 관점을 유지하면 우선 순위를 정하고 매사에 균형을 잡을 수 있다. 우리의 업무에는 때로는 경계선이 필요하다. 아니, 경계 설정은 필수적이다. 무엇에 시간을 쓸지 정할 때 아주 까다롭게 구는 것도 좋다.

시간은 은행 계좌 속 돈과 같다. 아니, 그보다도 더 귀중하다. 만일 누군가 당신의 계좌에 있는 돈을 달라고 요청하면, "좋아요! 여기 계좌번호가 있고요, 원하는 만큼 얼마든지 가져가세요!"라고 말하지 않을 것이다. 그런데 왜 시간에 대해서는 그렇게 하는 걸까? 누군가 회의를 하자고 청하면 많은 사람이 "좋아요! 내 일정표를 보고 빈 시간에 편한 대로 시간을 잡아요!"라고 말한다. 이 말은 당신의 시간 계좌 잔고를 빠르게 고갈시킨다.

예산에서 매일 쓸 금액을 정해두는 것처럼, 하루에 당신이 쓸 수 있는 '에너지 포인트'는 정해져 있다. 이 에너지를 어디에 쓸지, 어디서 얻을지, 어디서 낭비할지는 당신이 정한다. 에너지를 더 많이 사용해야 하는 경우도 있다. 이때는 다른 일에서 에너지를 보존하거나 더 현명하게 사용하기 위한 전략을 세울 수 있다.

돈을 언제, 어디에, 어떻게 보관하고 투자하느냐에 따라 수익률(ROI)이 달라지듯 한 사람의 시간이라도 모든 시간의 가치가 다 똑같지는 않다. 예를 들어 나는 오후 4시에서 4시 30분 사이보다 오전 10시에서 10시 30분 사이에 아이디어를 낼 때 훨씬 더 창조적인 작업을 해낸다. 둘 다 같은 30분이지만 전혀 다르다! 나의 에너지 포인트는 오후보다 오전에 더 가치가 있다.

에너지 포인트를 제때에 사용하면 더 나은 결과를 발생시켜 투입된 에너지 대비 수익률이 더 좋다. 이처럼 자신만의 패턴을 알면 일정을 짤 때 가장 많은 일을 해낼 수 있도록 에너지를 특정 시간에 할당하는 데 도움이 된다. 이 책에서는 방해 요소들이 발생하기 전에 뇌가 몰입 및 집중 모드에 빠지도록 훈련하고, 우리가 흔히 빠지게 되는 함정을 파악하고, 정신이 분산되지 않고 일에 집중할 수 있도록 주변 환경을 조성하는 방법을 소개한다. 자신만의 업무 흐름을 파악해 효율이 높은 시간에 집중력을 높인다면, 당신의 시간 자원과 에너지 포인트를 적게 들이고도 더 많이 성취할 수 있을 것이다.

계획은 미래 지향적으로

미래에는 당신이 현재의 당신과 얼마나 달라졌으리라 생각하는가? 《사회심리학 및 성격 과학(Social Psychological and Personality Science)》 저널에 발표된 연구 결과에 따르면 현재의 자신과 미래의 자신이 크게 다르지 않다고 생각하는 사람들이 10년 뒤 더 큰 삶의 만족을 경험한다고 한다. 10년보다 훨씬 더 가까운 미래의 당신에 대해서도 마찬가지다. '오늘은 이 일을 하기 싫었지만, 내일은 하고 싶어지지 않을까?' 하며 일을 미루는 이유는 무엇일까? 지금의 자신과 내일의 자신이 같지 않다고 여기기 때문은 아닐까? 2주간의 휴가를 마치고 돌아온 날의 월요일 아침 8시에 회의 일정을 미리 잡자는 요청을 들으면 우리는 "네, 좋습니다!"라며 캘린더에 추가하지만, 그날 아침 7시 45분에 우리가 회의를 준비하는 모습을 상상하지는 않는다.

우리의 계획은 미래의 자신을 위한 것이어야 한다. 만일 '미래의 나는 지금의 내가 어떤 결정을 내렸기를 바랄까?' 하고 스스로에게 묻는다면 일정은 더 여유로워지고, 우선시해야 할 사항은 더 또렷해지고, 결과는 더 효과적일 것이다. 나는 코칭을 받는 사람들에게 다음과 같은 질문을 던져보라고 조언한다. 미래의 당신은 다음 주에 있을 네 시간짜리 회의 후에 당신이 어떤 스케줄을 짜거나 짜지 않길 바랄까? 연말의 당신은 당신이 어떤 일에 더 많은 시간을 혹은 더 적은 시간을 쓰길 바랄까?

이 책에 담긴 내용은 당신이 지금 일을 처리하는 방식과 판이할 것이다. 하지만 나를 믿어주길 바란다. 나는 이러한 원칙과 방법들로 신입부터 임원까지 업타임을 달성하는 걸 숱하게 목격했다. 그러지 않았다면 이 책을 집필하지 않았을 것이다.

이 책은 '분주함'을 '평온함'으로 '혼돈'을 '균형'으로 바꿔놓을 것이다. 당신은 해야 할 모든 일을 완벽하게 통제하면서도 전체적인 상황을 관리할 방법을 알게 될 것이다. 무엇에 집중해야 하는지, 그 일을 하는 데 가장 좋은 때는 언제인지, 일정을 고려할 때 어디서 하는 것이 좋은지, 어떻게 하면 훌륭하게 할 수 있는지, 그 모든 일을 하면서도 어떻게 잘 살 수 있는지를 정확히 알게 될 것이다. 그리고 이 모든 방법은 당신을 한 차원 높은 결과로 이끌 것이다.

당신은 에너지 경영자가 되어야 한다. 한정된 에너지 자원을 생산성이 낮은 영역에서 생산성이 높은 영역으로 이전시키는 사람 말이다. 일에서 더 많이 성취하면서 동시에 행복하고 균형 잡힌 삶을 살게 될 당신의 업타임을 달성해 보자!

UPTIME

PART 1

목표의 원칙

분명하면 이룬다

Chapter 01

단 세 가지만 할 수 있다

지금 당신에게 가장 중요한 세 가지 일은 무엇인가? 이 질문은 내가 생산성 코칭을 하기 전에 가장 먼저 던지는 질문이다. 유한한 삶을 살아가는 우리는 '기회비용'이라는 경제학의 기본 개념을 항상 기억하고 있어야 한다. 경력이 쌓일수록 '반드시 해야만 하는 일'의 목록은 길어지는데 우리가 하는 모든 일은 그게 무엇이든 간에 간접적으로 비용이 들기 때문이다. 하나의 일을 하기 위해서는 그 시간에 할 수 있는 다른 일을 포기해야 한다. 만약 어떤 부족함도 용납하지 못하고 모든 일을 해내려 한다면 시작도 하기 전에 지칠 것이다.

생산성을 높이는 첫 단계는 무엇을 원하는지 혹은 해야 하는지 명확하게 정의하는 데에서 시작된다. 그렇지만 '어떤 목표(goals)에 도달하고자 하는가?'에 집중하지 않았으면 좋겠다. 목표는 너무 멀리 있고, 달성하는 데 오래 걸리며 막연히 언젠가 이루어지면 좋을 것처럼 느껴지기 때문이다. 대신 '우선 사항(priorities)'이라는 단어가 더 적합하다. 우선 사항에는 성공을 향한 우리의 '의도'와 '초점', '유동성'이 포함되기 때문이다. '중요한 일'은 우리가 집중하기로 선택하는 것이며, 상황에 따라 변하기도 한다. 이 명확한 우선 사항이 있을 때 우리는 매일 그것과 발맞추어 행동할 수 있고 그것을 계속 지켜나갈 수 있다. 방향에 대한 확신은 더 빠른 의사결정으로 이어지며 의사결정 속도가 빨라지면 누구보다 빠른 선택이 가능해져 최고의 선택을 내릴 수 있다.

성과는 우리의 생각보다 훨씬 적은 수의 행동에서 나온다. 선택적 우선 사항이 거의 모든 성과를 창조한다. 나는 사람들에게 언제나 딱 세 가지 우선 사항만 떠올리라고 강조한다. 왜 하필 세 가지일까? 2018년 오하이오대학교에서 실시한 연구에 그 답이 있다. 무언가를 배울 때 인간의 뇌는 대상을 독립적인 개별 사물이 아니라 하나로 묶어서 패턴을 파악하려는 경향이 있다. 오래전부터 널리 통용되던 '3의 법칙' 말이다. 즉 인간은 사물이 세 개씩 묶여 있으면 특히 잘 기억해 낸다. 우리 삶에 어느 시점에든 세 가지 이상의 책임이나 우선 사항이 있겠지만, 최우선인 '3대' 우선 사항을 선별하면 가장 중요한 일에 집중하는 데 도움이 된다.

워너뮤직그룹의 최고경영자 로버트 킨클은 내가 함께 일해본 가장 유능한 사람 가운데 한 명이다. 그는 자신의 3대 우선 사항을 아주 날카롭게 정해서 함께 일하는 모두에게 알려준다. 각각의 우선 사항과 이를 실천하기 위한 과업을 리스트로 작성해서 그와 가장 가까이서 일하는 임원, 비서, 조직에 빠짐없이 공유했다. 우선 사항은 그의 업무와 일과의 주제가 되었고, 팀원들과 명확한 비전을 공유하여 모든 조직이 정말 해야 할 일에 집중하는 데 도움이 되었다. 우선 사항들을 정하고 공유하면 모든 일이 순조롭게 진행되고 모든 사람이 원활하게 일할 수 있다. 누군가 당신에게 '3대 우선 사항'에 대해 묻는다면, 빠르게 줄줄 답할 수 있어야 한다. 그리고 이 우선 사항을 잦게는 주마다 재평가할 수 있지만, 보통 월별이나 분기별로 하는 게 적절하다.

유리병을 조약돌과 모래와 흙으로 채우고 싶다면, 가장 큰 조약돌을 제일 먼저 넣어야 한다. 덜 중요하고 우선순위가 낮은, 모래와 흙으로 이미 채워진 단지에 조약돌을 넣으려 하면 설령 빈 공간이 있다 해도 유리병이 넘칠 것이기 때문이다. 유리병에 들어갈 조약돌, 모래, 흙은 개인적인 우선 사항과 업무상 우선 사항을 모두 아우른다. 일터에 있든 집에 있든 이 세상에 우리는 모두 단 하나의 존재다. 당신은 한 사람이고, 시간도 하나요, 그 모든 걸 관리하는 뇌도 하나다.

'성공했는가' 혹은 '삶의 충만함을 얻었는가'의 여부는 인생의 시기마다 다르다. 당신이 처한 상황과 삶의 단계에 따라 우선 사항의 순위는 오르내린다. 가령 가족이 모두 함께 지구 반대편의 나라로 이사해야 한다면 이 일은 3대 우선 사항에 속한 다른 무언가를 제치고 들어가야 한다. 직장에서 큰 프로젝트를 맡게 된다면, 일 외의 것은 잠시 뒷전으로 밀릴 수 있다. 최우선 사항을 세 개로 추리는 게 핵심이다. 그래야 또 다른 하나를 우선 사항에 포함시켰을 때 뭔가 하나는 내려놓아야 함을 기억할 수 있다. 하나를 얻으면 하나를 잃기 마련이다.

3대 우선 사항을 언제나 줄줄 읊을 수 있을 정도로 머릿속에 기억해 놓는게 중요한 만큼, 다른 사람의 3대 우선 사항도 파악해 두는 것이 좋다. 새로운 누군가와 일하거나 새로운 리더에게 보고할 때마다 나는 "당신의 우선 사항은 무엇인가요?" 하고 묻는다. 묻는 것만으로도 효율적이고 협력적인 관계를 구축하는 데 도움이 된다. 대답을 들으면 겉으로 드러나지 않은 뒷면에서 무슨 일이 벌어지고 있는지, 상대가 정말로 관심을 갖는 게 무엇인지 대략 알아챌 수 있기 때문이다.

이 단순한 질문에 대한 대답을 통해 당신은 누군가가 내리는 의사결정과 그가 시간을 어떻게 쓰는지를 이해할 수 있다. 내 인생에서 유독 힘들었던 시기에 남편이 나에게 "지금 당신의 3대 우선 사항은 뭐야?"라고 물은 적이 있다. 하나씩 말하기 시작하면서 나는 내 최우선 사항이 여섯 개라는 걸 깨달았다. 몹시 당황했다! 이 질문 하나로 내가 한 번에 너무 많은 일들에 집중하고자 애쓰고 있다는 걸 깨달았기 때문이다. 그렇게 객관적으로 파악한 후 몇 가지는 포기하거나 다른 사람에게 맡기거나 나중으로 연기할 수 있었다.

가장 중요한 것부터

우선 사항을 정했다면 이를 실현시킬 '과업'을 정한다. 나의 코칭을 받기 전 한 임원은 한 분기의 3대 우선 사항을 아래와 같이 정했다.

① 팀의 대대적인 재편 완수
② 어린 자녀들과 더 많은 시간 보내기
③ 자신이 리더로 있는 팀의 내년 비전 정하기

어떤가? 아마 생산성 전문가가 아니더라도 누구든 이 항목을 보면 너무 막연하다고 느낄 것이다. 그래서 첫 단계인 우선 사항 정하기가 끝나면 다음 단계로는 그것들을 실행할 강력한 과업을 생각해야 한다. 우선 사항을 강력하게 실현시킬 과업 두세 가지는 구체적인 행동으로 서술되어야 한다.

우선 사항과 관련된 구체적인 과업을 세우고 일하면 회의, 이메일, 운동, 여러 업무, 자녀의 학교 행사, 그 외에 시간을 잡아먹는 일을 맞닥뜨렸을 때 그것이 3대 우선 사항과 얼마큼 관련이 있는지 알아차리는 데 도움이 된다. 앞에서 예로

든 임원의 우선 사항을 적용하면 이렇게 적어볼 수 있다.

① 팀을 재편한다

- 인사부서 담당자를 만나 새로운 조직도 후보안과 공석인 포지션에 대해 논의한다.
- 역할과 책임을 이해하기 위해 중간관리자 없이 상위 관리자와 팀원들이 직접 소통하는 스킵레벨(skip-level) 회의를 잡는다.
- 새로 생기거나 공석인 자리를 충원하기 위해 면접을 실시한다.

② 자녀들과 더 많은 시간을 보낸다

- 가족과 일주일에 서너 번 저녁 식사를 함께하기 위해 5시에 퇴근한다.
- 등하교를 시켜주기 위해 금요일은 항상 재택근무를 한다.
- 이번 분기 업무 시간 동안 발표회나 학부모 모임 같은 세 건의 학교 행사에 참석한다.

③ 팀에 내년의 비전을 제시한다

- 컴퓨터와 스마트폰에서 벗어나서 충분히 생각할 수 있는 시간을 갖고 산책, 브레인스토밍을 우선 사항에 포함시킨다.
- 직속 부하직원들과 사무실을 벗어나 회의를 하고 피드백을 수집한다.

최우선 사항이 동작으로 서술되었고 이를 실행할 과업이 세워졌다. 이렇게 정리해야 지금 무엇에 집중해야 하는지, 그리고 그러한 우선 사항을 지원하기 위해 시간과 에너지 포인트를 어떻게 사용해야 하는지 판단하기가 수월해진다. 아울러 관리자, 팀원, 파트너, 배우자 등 일과 삶에서 중요한 인물들과 우선 사항을 논의할 수 있는 기회가 생긴다.

상대방의 우선 사항이나 함께 공유하는 목표와 책임을 통해 당신의 우선 사항을 조절할 수 있는 기회도 생긴다. 당신의 3대 우선 사항에 어느 프로젝트가 들어 있는데 함께하는 다른 동료의 우선 사항에는 그 프로젝트가 들어 있지 않다면 이 상황을 미리 아는 게 중요하다. 다른 인력을 동원해야 하거나 다른 곳에서 추가 도움을 받아야 할 수도 있기 때문이다. 시간을 갖고 우선 사항을 정하고 그에 대한 피드백을 받아야 훗날 당신의 시간을 어디에 썼는가를 말할 때 답하기가 훨씬 쉬워진다.

⊘ 당신이 무슨 일을 하고 있는지
긴 시간을 들여 설명하는 대신 일정표를 보여주면 된다.

'미래의 나'를 위한 계획

코칭에서 3대 우선 사항을 파악한 다음에는 그의 지난 몇 주간 일정이 표시된 캘린더를 출력해서 준비한다. 형광펜을 주고 우선 사항과 관련된 모든 회의, 과업 혹은 개인적인 일에 동그라미 표시를 해달라고 하면 우선순위를 따라 시간을 쓰고 있는지가 금방 분명해진다. 시간은 가장 소중한 형태의 돈이다. 시간을 투자하는 대상이 곧 당신이 가장 우선시하는 일이다. 캘린더는 언제나 진실을 말한다. 당신이 실제로 중요한 일에 시간을 쓰고 있는지를 명명백백하게 드러내 보여준다.

아직 유리병에 넣지 못한 모래와 흙처럼 3대 우선 사항에 들어가지 않는 일들은 어떻게 처리해야 할까? 우리는 언제라도 세 가지 외의 일들을 하게 된다. 부수적인 프로젝트들이 끊임없이 생겨나 결국 많은 시간을 잡아먹는다. 가령 당신은 팀을 재편하길 원하지만 핵심 업무가 아닌 회의나 미팅에 끌려 다니며 많은 시간을 쓰게 된다. 자녀와 더 많은 시간을 보내고 싶지만 남의 부탁을 들어주거나 혹은 당신 업무를 벗어나는 일을 하느라 제때에 퇴근하지 못한다. 우리 모두에게 익숙한 이야기가 아닌가?

우선 사항을 정할 때는 미래의 당신, 즉 지금으로부터 몇 주나 몇 달 혹은 몇 년이 지난 후의 '미래의 당신'을 생각하는 게 좋다. 그 시점에서 볼 때 오늘 하는 행동은 과거다. 당신이 시간을 어디에 쓰는 게 미래의 당신에게 도움이 되는 일일까? 집중해야 할 일들에 더 집중하기 위해 무엇을 거절하면 미래의 당신이 좀 더 편안할까? 현명한 결정을 하기 위해서는 그 결정이 어떤 결과를 가져올지 알아야 한다.

분기별 혹은 연례 평가가 있다면, 꾸준히 잘 따라갈 수 있도록 분기가 시작될 때 미리 평가서 초안을 작성하는 게 좋다. 내가 함께 일해본 가장 훌륭한 리더들 가운데 한 명은 이렇게 다가올 1년을 예상하고 평가하는 연례 평가를 실시했다. 매출 목표를 어떻게 달성했는지, 어떤 어려움에 처해 시간을 낭비했는지, 어떤 부분에서 정말 잘했고 그 이유는 무엇인지, 무엇을 더 잘할 수 있었는지를 분석하는 슬라이드와 프레젠테이션을 그해가 시작할 때 이미 작성했다. 물론 이 모든 게 추측일 뿐이지만 이 방법은 팀으로서 미래의 우리가 처할 1년 후의 상황을 정확하게 경험하게 한다. 심지어 그의 예측이 맞아떨어질 경우와 예측이 빗나갈 경우 어떻게 느낄지도 시각화해 보았다. 이 전략은 1년을 성공적으로 보낼 수 있는 토대를 마련했고, 실제로 1년이 펼쳐지기 전부터 팀원들은 시나리오 속의 마음을 자신의 마음가짐으로 받아들였다. 미래를 향해 가기보다 이미 미래에 있는 것처럼 생각할 때 우리는 저절로 그렇게 행동한다. 도달하고자 하는 곳이 명확할수록 무수한 선택지 사이에서 방황하는 일은 줄어든다.

위대한 성과는 절대로 우연히 나타나지 않는다. 우리가 내리는 선택과 행동에 따라 나올 뿐이다. 이것을 이해하는 것이 곧 모든 훌륭한 결과를 위한 첫 번째 단계다.

업타임 실천 전략

• 지금 당신의 3대 우선 사항은 무엇인가? 그런 우선 사항을 진척시키는 두세 가지 과업은 무엇인가?
• 지난 2주의 캘린더를 출력해서 우선 사항을 이루기 위한 일에 동그라미 표시를 한다. 전체 일정에서 그 일에 투입한 시간이 차지하는 비율에 대해 만족하는가?

Chapter 02

모든 시급한 일이
중요한 일은 아니다

"안녕하세요, 채드입니다. 오늘 휴가여서 사무실에 없습니다. 시급한 용무가 있다면 119로 연락하세요." 채드의 부재중 메시지는 다소 짓궂을지 모르지만 일리가 있다. 시급해 보이는 일이 과연 정말로 '중요한 일'일까? 사람들이 '시급하다'고 정의하는 일들은 대개 비상사태처럼 불쑥 나타나는 터라 원래 계획했던 일이 완전히 찬밥 신세가 되고 만다. 우선사항을 정하는 일을 누군가와 함께할 때, 나는 곧잘 이런 말을 듣는다. "우선 사항을 정하고 시간까지 다 할당해 두지만 곧 시급한 일이 생긴다고요!"

당장 처리해야 하는 예기치 못한 문제들이 발생하는 바람에 우선 사항이 뒤로 밀릴 수 있다. 하지만 시급한 문제를 다룰 가장 좋은 시간은 대체로 그런 일이 벌어지기 전이다. 불가능한 말로 들릴지 모르지만, 시급하고 예측 불가능한 일을 위한 시간을 캘린더에 따로 할당한다면 이 문제는 쉽게 해결된다. 시급한 용무를 사전에 다루는 몇 가지 전략이 있다.

① 시간을 빼둔다

구글 클라우드의 최고경영자인 토머스 쿠리언은 시급한 문제를 위해 매일 한 시간을 빼둔다. 대학 교수들이 갖는 오피스 아워(office hour)와 유사하다. 이 시간에 학생들은 교수와 자유롭게 면담할 수 있다. 하지만 아무도 찾아오지 않는다면 교수는 그 시간에 연구를 한다. 마찬가지로 그도 시급한 일을 처리하기 위해 매일 같은 시간을 비워둔다.

이렇게 하면 시급한 일이 생겨도 나머지 일정에 영향을 미치지 않은 채 급한 문제를 끼워 넣을 수 있는 시간을 항상 확보할 수 있다. 그의 팀은 이 시간 블록이 매일 똑같다는 걸 알아서 그와 급하게 대화를 나눠야 할 경우 누구라도 이 시간에 맞춰 계획을 세울 수 있다. 시급한 일이 발생하지 않으면 이 시간 동안 그는 업무를 처리하거나 이메일을 확인한다.

또 다른 구글의 임원은 유사하지만 반대의 방법으로 활용한다. 매일 누구도 개입할 수 없는 시간대를 정해두었는데 만약 시급한 일이 발생하면 이 시간을 활용해서 처리한다. 급한 일이 발생하지 않는다면 그 시간 동안 자유롭게 할 일을 한다. 두 사례에서 모두 임원들은 예기치 못한 문제를 특정 시간에 한정해 처리함으로써 나머지 시간은 영향을 받지 않게 했다.

② 시급한 일과 중요한 일을 구분한다

내가 좋아하는 방법 가운데 하나는 그것을 둘러싼 구체적인 언어를 정하는 것이다. '시급한'이라는 단어는 동의어가 많다. 가령 '중대한', '때맞춘', '필수적인' 등등이 있다. 하지만 시급하다고 해서 다 중요한 건 아니다. 그렇다면 시급한 일들이 발생할 때 어떻게 분류해야 할까? 내가 본 가장 좋은 방법은 '아이젠하워 방법'이다. 이 방법은 미국의 제34대 대통령 아이젠하워가 1954년에 남긴 아래와 같은 발언에서 비롯되었다.

"나에겐 두 종류의 문제가 있다. 시급한 문제와 중요한 문제다. 시급한 문제는 중요하지 않고, 중요한 문제는 결코 시급하지 않다." 우리는 때때로 상황이 시급하면서도 중요할 수 있다고 생각하지만, 그는 둘을 명확하게 구분해야 한다고 말했다. 그의 말에 따라 시급함과 중요함은 다음과 같이 분류해 볼 수 있다.

〈시급한 일 vs. 중요한 일〉

· 시급함: 즉각 주의를 요하는 활동들로, 보통 누군가의 목표 달성과 연관된다.
· 중요함: 우선 사항에 집중하게 해주는 활동이다.

	시급함	시급하지 않음
중요함	**1. 당장 해야 한다** 스케줄을 완전히 뒤엎고 다시 정해도 괜찮다.	**2. 나중으로 미룬다** 이 문제를 해결하기 위해 적절한 때를 잡은 후 현재의 스케줄에 따라 평소대로 진행한다.
중요하지 않음	**3. 신속하게 이양한다** 이 문제를 살펴볼 시간을 최소한으로 정해두고 다른 사람에게 넘긴다.	**4. 거절한다** 이 문제에 시간을 쓰지 않아도 괜찮으니 다른 사람에게 넘긴다.

아이젠하워의 말과 달리, 표의 1번 항목은 시급하면서 동시에 중요하다. 어떤 일이 시급하면서 중요하면, 그것을 처리해야 마음이 편안하다. 이 항목은 시간에 민감하면서 동시에 우선 사항과도 맞아떨어지기 때문에 그것을 위해 회의나 업무 시간을 조정할 만한 가치가 있다.

2번 항목처럼 뭔가가 중요하지만 즉각적인 주의를 요구하지 않는다면 언제 그것을 처리할지 정하고 하던 일을 계속한다. 3번 항목처럼 뭔가 시급한 일이 생겼지만 중요하지는 않다면 당신의 시간 외에 다른 인력을 통해 해결 방법을 찾는게 낫다. 예를 들면 이런 상황이다. "계정이 잠겨버려 해결해야 한다면서요? 그 문제를 해결하는 데 도움을 줄 수 있는 유능한 기술 지원팀이 있으니 이 연락처로 연락해 봐요!"

4번 항목처럼 시급하지도, 중요하지도 않은 일들에는 시간을 전혀 투자하지 않아야 마음이 편안하다. 당신의 최우선 사항을 이미 정했으니 3번과 4번 일들에 시간을 쓰고 싶은 마음이 훨씬 줄어들 것이다.

이 방법은 팀 안에서 시급한 문제가 발생했을 때 대처법을 기르는 데 특히 유용하다. 문제들이 각 사분면 중 어디에 해당하는지 그려보고 그런 일이 발생했을 때 어떻게 다룰지를 함께 결정하면 좋다. 감정이 고조되는 순간에 감정에 이름을 붙이면 무작정 휩쓸리지 않고 구체적으로 어떤 감정을 느끼는지 파악하는 데 도움이 되는 것과 같은 이치다. 예상치 못한 문제나 위기가 발생했을 때 표의 기준에 따라 행동하면, 우선 사항에 따라 문제들을 해결하는 법을 정확하게 파악하는 데 도움이 된다.

③ 시스템을 고친다

시급한 문제가 한 번 발생한다면 그 문제를 해결하면 된다. 그런데 열일곱 번이나 발생한다면 시스템 자체에 문제가 있다는 뜻이다. 1번에 해당되는 상황을 자주 경험한다면? 그건 십중팔구 시스템에 문제가 발생했다는 뜻이다. 계획하지 않은 혹은 사전에 생각하지도 못한 시급한 일이 매일 발생하면 누구든지 지친다. 그럴 땐 '왜 이 문제가 계속 발생할까?' 하고 물어야 한다. 시급한 일이 계속 발생한다면 이를 방지하기 위해 어떻게 해야 하며, 업무 흐름, 소통, 프로세스를 어떻게 변경해야 할까? 시급한 문제만을 전담하는 팀이나 개인을 지정해야 해결될 수도 있다. 지난 열 번의 사태를 심도 있게 조사해서 무엇이 원인이었는지, 가능한 예방법은 무엇일지 파악하는 것도 방법이다.

④ 시급한 일을 중요한 일로 바꾼다

더러 시급한 문제는 불가피하다. 특히 발 빠르게 취재를 다녀야 하는 언론인이나 응급실 의사처럼 어떤 역할에서는 상황을 예견할 수 없고 이러한 상황이 지속적으로 발생한다. 이 경우 그런 일이 벌어질 때를 대비해 여유를 남겨두면 큰 힘이 된다.

이것은 ①번의 경우처럼 매일 시급한 상황을 위한 시간을 할당하는 것과 다르다. 왜냐하면 이 경우 문제가 당신이 할당한 시간에 맞춰 발생하지 않기 때문이다. 이때는 시급한 문제들이 발생하는 대로 그때그때 대처하는 유연성이 더 필요하다. 응급상황이 벌어질 걸 알기 때문에 일정을 여유롭게 남겨두면 일단 문제가 발생해도 상황은 빨리 진정된다. 마음 속에 그리고 스케줄에 이미 문제를 위한 공간을 만들었기 때문이다.

예상치 못한 문제를 위한 시간을 확보하려면 '시급한 문제'를 당신의 3대 우선 사항에 포함시키는 것도 방법이다. 선제적으로 대처하기 위해 시급한 문제를 위한 공간을 미리 확보하는 것이 당신이 맡은 역할에 비추어 적합하다면 적절한 대처법이다. 응급실 의사들은 약속을 잡아야 하는 일반 외래 환자를 하루 종일 받지 않는다. 대부분 응급 환자가 들어올 경우를 대비해서 어떠한 일정도 잡지 않는다.

우선 사항은 모든 기회를 보는 렌즈다. 우선 사항을 포스트잇에 적어서 책상 위 눈에 띄는 곳에 붙여두고 뭔가 새로운 일을 요청하는 이메일을 받을 때마다 그 일이 포스트잇에 적힌 우선 사항과 맞아떨어지는지 스스로 물어보면 업무에 초점을 맞추기 쉽다. 우선 사항이 아니라면, 그 일을 하는 게 정말 합당할까? 어떤 일이 당신의 핵심 우선 사항에 속하지 않지만 중요하다고 느껴지면, 즉흥적으로 결정하는 것이 아니라 새로운 일과 우선 사항 사이의 연관성과 필수 요건들을 평가한 다음 의도와 자신감을 갖고 수락할 수 있다.

혹시 유난히 많은 시간과 노력이 필요한 일이라면, 나머지 우선 사항을 변경하는 것까지 고려할 수도 있다. 예컨대 관리자라면 당신이 팀을 멘토링하고 이끌고 지원하는 일과 개인의 성과가 모두 중요한데, 두 가지를 통합하는 방법도 생각해야 한다. 이런 종류의 렌즈를 통해 정확히 꼭 해야 할 일에만 집중하는 레이저와 같은 주의력을 기를 수 있다. 시급한 일을 해결하기 위해 바쁘게 움직이는 것이 능사는 아니다. 중요한 일에 깊게 집중하는 것이 더 중요하다. 가장 중요한 일을 해내는 것이 당신의 가장 중요한 일이 되어야 한다.

업타임 실천 전략

- 갑자기 발생하는 시급한 일들을 위해 일정에서 시간을 떼어두거나 시급한 문제를 우선 사항으로 삼는다.
- 혼자 혹은 팀과 함께 시급성/중요성 매트릭스를 사용해서 문제가 발생하면 어디에 속하는지 따져본다.

Chapter 03

나머지는 거절하라

우선 사항을 중심으로 일정이 돌아가게 하려면 어떻게 해야 할까? 대부분의 사람은 할 일이 많을 때 모든 일을 해낼 수 있는 방법을 찾기 위해 중요도에 따라 일을 배열한다. 하지만 우선 사항을 정한다는 말은 우선순위대로 정렬하는 일이 아니다. 우선 사항 정하기는 할 일 목록의 맨 하단에 위치한 일들을 제거하고, 당신의 일정표에 있을 까닭이 없는 일을 과감히 거절하는 방법이라고 생각해야 한다. 일을 거절하면 더 좋은 일을 수락할 수 있는 여지가, 그리고 그 일을 잘해낼 시간이 생긴다.

당신이 허락한 일 외의 모든 일을 거절하라. 일을 덜어내는 가장 좋은 방법은 머릿속을 맴도는 모든 일 가운데 내가 할 수 있거나 해야 한다고 믿는 일들을 모조리 종이에 적는 것이다. 그리고 난 후 리스트에서 우선순위 최하단에 위치하는 일들의 약 3분의 1을 파악한다. 그런 일들은 보통 한동안 머릿속에 담고 있었지만 완수하지는 않은 채 이 리스트에서 저 리스트로 계속 옮겨 간 것들이다. 이 하위 3분의 1의 항목 하나하나에 대해 이렇게 물어보자.

- 만일 이 일을 하지 않으면 발생할 최악의 상황은 무엇일까?
- 내가 하지 않고 이 일을 완수할 수 있는 다른 방법은 없을까?
- 이 일을 절반만 하고 넘어갈 방법은 없을까?

이 질문들은 필요한 경우 일을 위임하거나 지금 하고 있는 일을 간소화하거나 가능한 정도까지 하고 넘어갈 방법은 없을지 생각하게 한다. 예를 들어 우리 가족이 새 집으로 이사를 온 후 내 업무 공간을 예쁘게 꾸미려 했다. 그렇게 하면 배경이 더 멋진 곳에서 화상 회의를 할 수 있을 것 같았다. 그래서 할 일 목록을 작성할 때마다 '업무 공간 꾸미기'를 적었다. 하지만 네 살이 채 되지 않은 세 아이와 이사하려다 보니 다른 챙겨야 할 일이 많았고, 결국 그 일은 계속 우선 사항에서 밀려났다. 그래서 나는 이렇게 자문했다.

'내가 이 일을 하지 않으면 발생할 최악의 상황은 무엇일까?' 아무것도 없었다. 그저 나 말고는 들어오는 사람이 없는 작고 평범한 방에 멋진 화상 회의 배경이 없을 뿐이다. '그 일을 완수할 수 있는 다른 방법은 없을까?' 방을 꾸며줄 사람을 고용하면 해결할 수 있는 문제였다. 그래서 나는 업무 공간을 꾸미는 일을 합리적인 가격으로 위임하기 위해 여러 선택지들을 조사하기 시작했다.

'아니면 절반만 내가 하고 넘어간다면 어떨까?' 책장과 액자의 일부만 없애도 좋을 텐데 그 방을 완벽하게 꾸미려고 하다 보니 일이 끝나지 않았다. 완벽을 추구하다 보면 진도가 나가지 않는다. 과연 누가 그 차이를 알까? 아마 아무도 모를 것이다. 나는 타이머를 설정하고 단 한 시간 만에 장식품을 주문했다. 주말 두 시간 동안 그 장식품을 설치하기로 계획을 세웠다. 책장을 조립하고 액자를 거는 일은 퇴직해서 시간 여유가 있는 아버지에게 위임했다. 그렇게 적은 시간을 들여 만족스러운 정도의 작업을 했다. 그 정도로 충분했고 장식을 전혀 하지 않는 것보다 훨씬 나았다.

이러한 선택지들 모두 나의 리스트에서 항목을 지워나가는 방법이다. 하지만 그러면서 동시에 루프를 닫고 과업을 완수하는 방법이기도 하다. 방을 전혀 꾸미지 않겠다는 결정도 하나의 선택지다. 결정을 내린다는 것은 그 일이 더는 머릿속에 머물지 않도록 리스트에서 쓸데없는 것을 덜어낸다는 뜻이다.

시간의 가치 따져보기

구글 클라우드의 전략 및 운영 부문 부사장 애너스 오스먼은 내게 시간의 가치에 대해 큰 가르침을 주었다. 그는 자신의 시간이 얼마만큼의 가치가 있는지 아주 명확하게 이해하고 있었다. 주변 사람들이 그에게 항상 비행기 이륙 시간에 아슬아슬하게 맞춰 도착한다고 지적하자 그는 이렇게 말했다. "만일 비행시간의 5퍼센트도 놓치지 않는다면, 인생에서 너무 많은 시간을 공항에서 보내는 겁니다!"

그는 1년 52주 중 약 30주를 비행기를 타고 오가는 터라 정시에 공항에 도착해서 1분도 낭비하지 않는다. 그는 그렇게 약 60시간을 절약했다. 60시간을 공항에 앉아 낭비하느니 30회 왕복 비행의 5퍼센트인 세 건 정도의 비행을 놓치는 불편을 감수하는 게 차라리 더 낫다는 생각이었다. 모두가 그의 방식에 동의하지는 않겠지만, 시간을 까다롭게 쓰려는 그의 의도는 우리에게 중요한 통찰을 전한다.

그에게서 들은 최고의 조언은 자신의 시간을 돈으로 환산했을 때의 가치를 항상 염두에 두어야 한다는 것이었다. 대부분의 사람은 시간의 가치를 단순히 일터에서 받는 시간당 급여 정도로 생각한다. 하지만 그게 전부는 아니다. 그보다는 '내키지 않은 뭔가를 하지 않으면서 보낼 수 있는 한 시간'이 얼마인지를 따져보는 문제에 더 가깝다. 만일 한 시간 일찍 집에 도착할 수 있다면, 비행 일정을 변경하기 위해 얼마를 지불할 것인가? 새로 구입한 가구가 조립되어 배달된다면 얼마를 지불할 것인가? 방에 페인트칠하는 데 하루가 꼬박 걸리는데 누군가 대신 그 일을 해준다면 얼마를 기꺼이 지불하겠는가? 물론 당신이 페인트칠을 좋아한다면 전혀 다른 이야

〈중요도 파악을 위한 질문〉

질문	행동
이 일을 하고 싶은가?	만일 그렇다면, 나는 내 시간의 가치를 조금 느슨하게 매길 수 있다.
이 일을 다른 사람에게 위임하기에 많은 노력이 드는가?	내가 하면 2시간이 걸릴 일인데 그 일을 대신해 줄 누군가를 찾고, 요청하고, 손길이 필요한 곳으로 이동하고, 그 일을 하는 방법을 가르쳐주는 데 3시간이 걸린다면, 맡기지 않는 게 낫다.
이 일 말고 내가 하는 것이 훨씬 나은 다른 일이 있는가?	만일 그렇다면, 이 일을 다른 누군가에게 맡긴다.
내 시간을 다른 데 쓰는 게 훨씬 더 가치가 있는가?	만일 시간당 급여를 받고 일하는데 돈을 더 많이 벌 수 있으며 누군가를 고용해서 이 일을 시킬 수 있다면, 그렇게 한다.
이 일을 꼭 '해야만' 하는 것처럼 느끼는가?	이 일을 나 대신 하도록 누군가를 고용하거나 맡길 수 있다 해도 이 일을 해내면 자부심과 책임감을 느낄 수 있으므로 내가 계속할 수 있다.
다른 누군가가 그 일을 훨씬 더 잘할 수 있는가?	이 일을 해낼 시간이 있다 해도 다른 사람에게 맡기거나 고용해서 내가 원하는 결과를 얻는 게 더 나을 수 있다.
만일 누군가 내게 이 일을 내일 하라고 시켰는데 그 일을 하고 싶지 않다면, 일을 하지 않기 위해 나는 얼마를 지불할 것인가?	이 일을 하지 않기 위해 얼마를 지불할 수 있는지 그 가치를 결정하고 그 금액을 토대로 이 일을 맡겨야 하는지, 얼마를 지불할 것인지를 결정한다.

기가 되고 페인트칠의 가치가 달라질 것이다. 반드시 유독 하기 싫은 일을 떠올려야 한다.

내 업무 공간을 꾸미는 이야기로 돌아가서 홈 오피스를 꾸밀 아이템을 구매하고 설치하는 데 다섯 시간이 걸린다고 가정해 보자. 내가 정말 원치 않은 일을 하는 데 투입되는 내 시간의 시간당 평균 가치를 안다면, 이 추정치를 토대로 나 대신 방을 꾸며줄 사람을 고용할 때 얼마를 쓸 수 있을지 계산할 수 있다. 그 값은 일터와 가정에서 당신의 현재 우선 사항 혹은 재정 상황, 스케줄에 따라 유연하게 달라질 수 있다.

당신의 시간을 가장 값진 자원으로 생각하는 게 중요하다. 시간을 들일 가치가 있는지 확신할 수 없는 과업이 생길 때 스스로에게 몇 가지 질문을 던지면, 그 일이 할 만한 가치가 있는 일인지 아닌지를 파악할 수 있다.

선택은 어느 하나를 버리는 것

많은 사람이 사회적 압박을 받거나 타인을 실망시키는 게 두려워서 쏟아지는 요청을 거절하지 못하고 스트레스를 받는다. 이럴 때 무언가를 수락하는 일은 동시에 다른 무언가를 거절하는 일임을 기억해야 한다. 만일 어머니가 금요일마다 저녁을 먹으러 오라고 하신다면, 거절하기가 어려워 마지못해 동의할 수도 있다. 매주 어머니 댁에서 갖는 저녁 식사를 수락하는 바람에 당신은 다른 초대를 미리 거절한 셈이다.

주간 회의를 수락하면 매주 그 시간대에 할 수 있는 다른 일을 거절하는 것이다. 새로운 위원회에 들어가는 건 다른 프로젝트에 시간을 쓰는 걸 거절하는 것이다. 멘토링을 하는 건 다른 팀원들과 시간을 보낼 기회를 거절하는 것이다. 일과 후 업무를 하는 건 가족과의 저녁 식사를 거절하는 것이다. 무언가를 수락할 때마다 다른 무언가를 거절하는 것이다. '다른 무언가'가 무엇이 될 수 있는지 파악하면 시간 잔고를 사용하는 일을 의식적으로 선택할 수 있다.

일이 너무 많다면 현재 맡고 있는 책임을 줄여야 한다. 이사급 이상의 구글 임원들을 대상으로 코칭을 시작했을 때, 코칭 요청이 쏟아져 들어와 업무의 많은 시간을 코칭 세션에 할애하게 되었다. 많은 사람을 돕고 있었지만, 정작 나 자신의 에너지는 고갈되고 있었다. 나의 3대 우선 사항 중 코칭을 제외한 나머지 둘은 뒷전으로 밀렸다. 새로운 루프를 많이 열지 못했다. 너무 지쳐서 세션을 위한 준비와 후속 작업을 제대로 못하고, 세션을 지원하는 데 도움이 될 새로운 아이디어나 자원도 찾지 못했다. 그래서 부사장급에게만 코칭을 제공하기로 어려운 결단을 내리고, 세션의 수를 현저히 줄였다. 물론 불만을 가진 사람들이 생겼다.

소수의 임원들만 코칭하기로 하자 숨 쉴 여력이 생겨 임원을 대상으로 증가하는 수요에 맞춰 훌륭한 집단 교육을 제공할 수 있었다. 더 나은 정보를 제공하고 이를 모든 임원과 공유할 수 있게 되었다. 아울러 부사장 세션에 더 집중하게 되어 코칭을 받는 사람들에게 큰 영향을 주었다. 이것은 더 나은 일꾼이 되려면 캘린더에 더 많은 일을 채워 넣는 게 아니라 더 많은 다운타임을 가져야 할 필요성을 보여주는 좋은 예다. 일을 덜 하자 더 많은 걸 성취하게 되었다.

현재 진행 중인 프로젝트나 임무를 중단할 때, 일시적인 중단일 뿐이라고 생각하면 도움이 된다. 어떤 일이 올바른 결정이었는지 판단하기 위해 그 일을 일시적으로 거절해 보라. 해보며 깨닫는다는 것은 이런 모습일 수 있다.

– 한 달 동안 나는 부사장 세션만 하고 내가 어떻게 느끼는지 본 후 다

시 돌아가 거기서부터 시작할 것이다.

– 일주일 동안 나는 6시가 되자마자 퇴근해서 그날 밤 일에 대해 내가 얼마나 스트레스를 받는지 살펴볼 것이다.

– 한 달 동안 나는 팀 회의를 매주가 아닌 격주로 잡고, 그것이 우리의 의사결정 속도와 단합에 어떤 영향을 주는지 지켜볼 것이다.

이 방법은 일시적인 테스트 기간 동안 잠재적인 해법을 시도하고 그 효과에 관한 피드백을 얻은 후 그 결과에 따라 수행하는 것이다. 이렇게 시도할 때마다 나는 지금껏 해오던 방법을 개선할 수 있는 새로운 데이터를 찾았다. 물론 많은 임무를 항상 갑작스레 다 바꿀 수는 없다. 예를 들어 2년 임기인 위원회에 들어갔는데 1년 만에 그만두는 건 이상적이지 않다. 하지만 그런 일들에 표시를 해두면 임기가 끝났을 때, 업무와 시간의 균형을 맞추기 위해 그 임무를 또다시 맡아서는 안 된다는 선견지명이 생긴다.

간혹 사람들은 "하루에 여덟 시간 동안 회의를 하는데 나는 매 건이 다 중요해!"라고 말한다. 하지만 중요한 정도를 냉정하게 따져봐야 한다. '훌륭한' 우선 사항과 '가장 훌륭한' 우선 사항을 비교하는 방법은 항상 존재한다. 상사가 당신이 정말 훌륭한 프로젝트를 맡게 되었다고 말했는데 그 일이 당신의 시간을 25퍼센트나 잡아먹는다고 상상해 보자. 그 훌륭한 일을 위한 여력을 확보하기 위해 포기해야 하는 일들이 무엇인지 스스로에게 묻고 줄여야 한다. 보통 스케줄에서 이동시키거나 통합하기에 '손쉬운 일'이다.

만일 모든 일이 중요하다고 느껴지고 업무량이나 스케줄을 줄이는 방법을 모르겠다면, 관리자나 팀장에게 도움을 받으면 된다. 당신이 다섯 개의 프로젝트 그룹에 속해 있고 두 개를 중단해야 한다고 느낀다면, 어떤 게 가장 중요한지 관리자의 의견을 구해 빠르게 답을 내릴 수 있다. 당신이 가장 중요하다고 생각한 위원회를, 관리자는 중요하게 여기지 않을 수도 있다. 다른 일에 최선을 다할 여력을 확보하기 위해 뭔가를 중단하는 걸 관리자가 지지하거나 심지어 격려해 준다는 걸 알게 되면 더욱 힘을 얻을 것이다.

쏟아지는 요청을 거절하는 5가지 방법

거절은 누구에게나 어렵다. 나는 오랜 시간에 걸쳐 시행

착오를 겪으며 요청을 잘 거절하려면 전략이 필요하다는 걸 깨달았다. 내 시간을 보호하고 타인을 존중하며 그들과의 관계를 유지하는 일 사이의 균형을 찾고 싶었다. 너무 자주 혹은 잘못된 방식으로 거절하면 사회적 자본에 악영향을 준다는 사실도 잘 알고 있었다. 그러니 요청을 거절하는 최선의 방법을 터득해야 했다. 다음은 내가 자주 사용하는 다섯 가지 방법이다.

① 더 많이 질문한다

결정을 내리기 전에 알아야 할 세세한 정보를 최대한 많이 찾는다. 가능한 한 모든 질문을 던진다. 걸리는 시간을 파악하기 위해 이런 질문을 던져보자. "새로운 프로젝트를 제안해 주셔서 감사합니다. 이 프로젝트에 참여하면 주당 몇 시간이 소요될지 대략적인 정보를 알려주실 수 있나요?" 요청받은 일이 당신의 3대 우선 사항과 일치하는지도 확인해야 한다. "새로운 팀 협업 프로젝트를 제안해 주셔서 감사합니다! 이 프로젝트를 성공리에 완수할 때 어떤 결과가 나오는지 그리고 달성하려는 목표가 무엇인지 공유해 주실 수 있나요?" 마지막으로 상대방이 이 업무를 우선시하는지도 파악하는 게 좋다. 어느 정도의 기대를 받고 있는 프로젝트인지 미리 파악하는 것이다. "발표할 수 있는 기회를 주셔서 감사합니다! 행사에 얼마나 많은 사람이 초대되는지, 참석자들은 전반적으로 어떤 일을 하는지, 참석률을 높이기 위해 사전에 이 연설을 어떻게/어디서 홍보할 계획인지 알 수 있을까요? 과거에 주최하신 연설 행사의 사례와 참석률도 궁금합니다."

② 바로 답하지 않는다

때때로 비디오 게임을 하듯 어떤 자극이 오면 당장 반응하게 될 때가 있다. 나 역시 이메일, 질문, 요청에 즉시 명확한 대답을 해야만 하는 것처럼 느끼곤 한다. 흔쾌히 수락하거나 단칼에 거절해 버리거나 하는 식으로 말이다. 언제나 둘 다 좋은 반응은 아니었다. 틀림없이 24시간 후에 뭔가를 더 말했어야 한다는 느낌이 강하게 들지만, 십중팔구 나는 이미 그 반대의 행동을 저질러버린 후다. 그래서 나는 메일 수신함에 들어오는 뭔가를 읽거나 누군가의 제안을 경청한 후 어떻게 할지 바로 정하지 않은 채 놔두는 습관을 들였다.

시간을 벌기 위해서 다음과 같이 말한다. "이 제안에 대해 생각해 보고 제가 참여할 수 있다면 어느 정도로 참여할 수 있는지 추후 알려드리겠습니다." 때로는 현재의 상황을 솔직히 공유하는 것도 방법이다. 잠시만 시간을 두고 기다리면 본능적으로 튀어나오는 반응에서 벗어나 내 결정에 대해 이성적으로 생각한 후 나에게 도움이 되는 답변을 할 수 있다.

③ 두 시나리오를 상상한다

이 방법은 장기 프로젝트나 임무 요청이 들어올 때 큰 도움이 될 수 있다. 나는 눈을 감고 요청에 수락한다면, 혹은 거절한다면 어떤 일이 벌어질지 상상한다. 가령 최고 경영진 회의에서 연설을 해달라는 외부 출장 요청을 받았을 때, 나는 전날 비행을 준비하는 상상을 한다. 그때 나는 무슨 생각을 하고 있을까? '이 행사에 참석하겠다고 신청하지 말걸. 나는 항상 분기 마지막 주에 해야 할 일이 너무 많단 말이야!' 혹은 거절을 한 후 그 회의 연설자들의 명단을 보는 상상을 한다. '내 이름이 여기 있었어야 하는데. 거절하지 말걸 그랬나?' 아마도 나는 집으로 돌아오는 비행기 안의 내 모습을 상상하며 '우와, 정말 값진 시간이었어! 정말 많은 사람을 알게 됐어!' 하고 생각할 수 있다. 때론 양쪽 상황에서 미래의 내 입장이 되어보면 둘 중 어느 쪽이 더 현실적인지 깨닫는 데 도움이 되니 요청에 어떻게 답할지 정하는 데 도움이 된다.

④ 안 됩니다, 하지만….

거절할 때 내가 가장 좋아하는 방법 가운데 하나다. 안 된다고 하지만 너무 야멸차게 거절하지 않는 좋은 방법이다. 예컨대 어떤 일에 대해 시간을 들여 이메일을 작성할 가치는 있으나 회의까지는 필요 없다고 생각하면, 회의 요청을 단칼에 거절하는 것보다 훨씬 더 효과적인 선택지가 있다.

먼저 이메일을 보낸다. "안녕하세요! 귀하의 질문에 대해 먼저 이메일을 보낸 뒤 그다음에 회의를 할 필요가 있는지 결정해도 될까요?" 혹은 문서 등을 이용해서 의견을 보낸다. "안녕하세요! 문서에 남긴 이 의견을 먼저 보시고 그래도 해결할 수 없다면 그때 만나도 될까요?" 다른 적임자에게 위임할 수도 있다. "귀하의 팀 행사에 가서 발언할 수 있다면 좋겠지만 아쉽게도 현재 그럴 여력이 되지 않습니다! 이미 몇 차례 교육을 받은 ○○○에게 연락해 보시는 것도 도움이 될 것 같습니다."

이런 식으로 거절하면 상대에게 지지하고 존중한다는 느낌을 주면서도 당신의 시간과 우선 사항들을 보호할 수 있다.

시간이 좀 흐른 뒤 그 일이 어떻게 진행되었는지 확인한다면, 제안을 관심 있게 지켜봤다는 것을 전할 수 있다.

⑤ 안 됩니다, 왜냐하면….

가장 쉽지만, 많은 사람이 가장 어려워하는 방법은 대놓고 거절하고 그 이유를 설명하는 것이다. 추가로 배경 설명을 하면 요청자는 당신이 그를 내치는 게 아니라 받아들인다고 느낀다. "새로운 계획을 공유해 주셔서 감사합니다! 정말 좋은 기회인 것 같아요. 저도 참가하고 싶지만 아쉽게도 이번 분기에 발생할 몇 가지 일들로 일정이 꽉 차 있어요. 최종 결과물을 볼 수 있길 기대하겠습니다!" 때로는 내가 참석할 필요가 없다는 사실을 알린다. "안녕하세요! 우리 팀의 에이미가 이 일의 전후 사정을 더 잘 알고 있으며 이미 참석자로 정해졌기 때문에 저는 이 회의에 참석하지 않겠습니다."

쉽게 협조를 얻는 법

일단 거절의 힘을 다룰 수 있게 되면 유사한 전략을 역으로도 사용할 수 있다. 당신의 프로젝트에 누군가의 협조가 필요하다면 이 방법을 역으로 이용하면 된다. 다른 사람이 이 프로젝트를 흔쾌히 수락하거나 프로젝트에 지원하기를 독려하고 싶을 때, 스스로 거절할 이유와 수락할 이유를 떠올려 본다.

이 요청이 상대방의 지향점과 어떻게 일치하는지 설명한다. "안녕하세요! 이번 분기에 귀하의 우선 사항을 살펴보고서 제가 하고 있는 일과 완벽하게 일치하는 한 가지를 발견했습니다. 제가 시작한 프로젝트와 일치하는 귀하의 분기별 목표를 달성하기 위해 함께 일하고 싶습니다." 그리고 협조가 필요한 업무의 세세한 정보와 선택지를 미리 최대한 많이 제시한다. 가능하다면 날짜와 시간도 여러 선택지를 제시하고 예상되는 참석자의 수와 업무 진행 방식, 특별히 그에게 요청하는 이유, 행사가 성공했을 때 예상되는 결과까지 전달한다.

당신이 거절하기 위해서든 아니면 당신의 요청을 누군가에게 수락받기 위해서든 이러한 현실적인 방법은 당신이 원하는 것을 얻는 데 도움이 될 수 있다. 또한 당신의 시간을 보호하는 이러한 방법들은 제2의 천성이 된다. 어떤 과업에 주의와 에너지를 쏟아야 하는지, 어떤 과업을 위임할 수 있는지,

어떤 과업을 완전히 제거할 수 있는지 알게 된다. 아울러 거절할 때 느끼는 죄책감과 너무 속단했음을 깨달을 때 드는 후회를 미연에 방지할 수 있다. 거절하는 법을 터득하면 수락한 일들을 체계적으로 정리할 수 있다. 처음부터 경계와 업무 수칙을 정하면 거절하는 일이 발생할 가능성 자체가 줄어든다.

업타임 실천 전략

• 수신함에 있거나 당신을 괴롭히는 일 가운데 거절하고 싶은 일을 하나 택한다. '거절하는 다섯 가지 방법' 중 어떤 것이 그 문제를 해결하는 데 가장 적합한지 판단한다. 거절해도 요청자의 존중을 받고, 당신의 소중한 시간과 우선 사항을 그대로 유지하는 데 도움이 될 완벽한 대응법을 작성한다.

Chapter 04

일이 흘러갈 길을 설계하라

우선 사항을 정하고 시간을 확보한 다음에는 언제 그 일을 완수할지 결정해야 한다. 이때 리스트 작성이 필요하다. 리스트 작성은 생산성의 5C 가운데 '통합'에 해당된다. 갖고 있는 모든 루프를 그룹별로 분류하고 그것들을 닫기 위해 적시 적소에 배정하는 것이다.

일을 높은 수준으로 해내기 위해서는 리스트를 반드시 작성해야 한다. 리스트 작성이 불필요하다고 생각하는 사람에게는 안타까운 소식이지만, 생산성과 리스트는 불가분의 관계다.

한때 하버드 경영대학원 졸업생을 대상으로 한 연구가 회자된 적이 있었다. 일류 대학을 나왔지만 그들 중 오직 3퍼센트만이 재학 시절 삶의 목표를 글로 적었으며, 20년 후에 확인한 결과 그 3퍼센트가 이룬 것이 나머지 90퍼센트가 이룬 것보다 10배나 많았다는 이야기였다. 그런데 도미니칸대학교의 게일 매튜 박사를 비롯해 여러 저널리스트들이 끈질기게 추적한 결과 하버드에서 그런 학술 조사를 한 적이 없다는 사실이 밝혀졌다.

그렇다면 목표와 기록 사이에 정말 아무런 관련이 없는 것일까? 그런데 여기에 또 다른 반전이 숨어 있었다. 하버드 졸업생을 추적하기 위한 게일 박사의 연구에서, 종이에 기록하는 것이 실제로 효과가 있다는 게 입증되었기 때문이다. 박사는 미국, 벨기에, 영국, 인도, 호주, 일본에 거주하는 사람 중 23세에서 72세에 이르는 267명을 대상으로 연구를 진행했다. 기업가, 교육자, 의료인, 변호사, 예술가, 비영리 기관 임원, 전문 경영자, 은행가, 마케팅 전문가, 사회복지 전문가 등 149명이 끝까지 연구에 참여했는데 목표를 적기만 해도 달성할 가능성이 42퍼센트나 증가한다는 결론을 내렸다.《포브스》에 실리며 전 세계에 알려진 이 연구에서 게일 박사는 중요한 것은 생각이 아니라 기록이라는 뜻을 담아 "생각하지 말고, 기록하라!(Not Think, Ink!)"라는 명언을 남겼다.

큰 도움이 된다는 것을 알지만, 여전히 목표를 작성하기는 쉽지 않다. '언젠가 피아노 배우기'와 '5시에 마감인 프레젠테이션 완성'을 어떻게 리스트에 반영할 수 있을까? 둘 다 당신이 하고 싶은 일이지만 서로 완전히 다른 시간표와 노력의 수준이 요구된다. 하나는 큰 그림인 '비전'이고, 다른 하나는 '당장 일어나야 하는 일'이다. 그렇다면 이 둘은 어떻게 공존할 수 있을까?

리스트는 한 번 작성했다고 끝난 것이 아니다. 리스트는 당신의 뇌가 과업을 잘 관리해서 좀 더 쉽게 실행할 수 있게 도와주는 살아 숨 쉬는 시스템이기 때문이다. 리스트를 제대로 사용하면 무엇을 해야 할지, 그리고 언제 해야 할지 투명하게 알 수 있다. 또한 '어떤 일도 틈 사이로 빠져나가지 못할 것이다' 하는 자신감이 생긴다. 뇌에 다른 일을 할 여유가 생긴다. 조금만 계획해도 더 장기적으로 더 많은 것을 해낼 수 있다.

더 이상 설명이 필요 없을 정도로 유명한 베스트셀러 『개구리를 먹어라』의 저자 브라이언 트레이시는 이 책에서 매일 10~12분을 계획하는 데 사용하면 낭비되는 시간을 최대 두 시간까지 절약하고 하루의 에너지를 분산시킬 수 있다고 말한다. 꼼꼼하게 계획표를 짜면 일을 계획하는 데 쓴 시간보다 훨씬 더 많은 시간을 절약할 수 있다. 장보기 리스트를 작성한다고 생각해 보자. 5분간 필요한 물품의 리스트를 작성한 후 마트의 섹션별로 정리해서 장 보는 데 20분이 걸렸다면, 필요한 물품을 그때그때 떠올리며 어디에 있는지 찾아다니느라 40여 분을 보내는 것보다 훨씬 더 효율적이다. 5분간 미리 계획을 세우면 장기적으로 총 15분이 절약된다.

리스트 작성법의 효과를 바탕으로 수년간 구글의 직원들에게 내가 개발한 '리스트 깔때기'를 가르쳤는데 반응이 정말 좋았다. 리스트 깔때기는 위에서 아래로 흐른다. 일단, 할 수 있는 일 혹은 하고 싶은 일을 모두 최상단에 적는다. 거기부터 시작해 시간, 에너지, 우선순위에 따라 시간 단위(주, 일, 시간)별로 실제로 할 일들로 좁혀나가면 된다. 만약 '다음에 뭘 해야 하더라?' 하며 머릿속에서 해야 할 일을 끊임없이 추적하고, 개인적으로 처리할 일과 업무상 해야 할 일이 뒤엉켜 있고, 회의가 끝난 후 후속 업무가 뒤따르고, 끊임없이 완수해야 할 일을 기억해야 하고, 여러 장소에서 이 일 저 일을 처리하느라 분주하다면, 리스트 깔때기가 바로 해법이다.

리스트 깔때기는 해야 할 일들을 계속 추적하기 위해 일목요연하게 펼쳐둔 시스템이다. 리스트 깔때기는 일부만 사용해도 되고 전체를 사용할 수도 있다. 맡은 역할, 직위, 책임에 따라 자유롭게 활용하면 된다. 자기만의 노트, 화이트보드 등을 활용해 재사용할 수 있는 템플릿을 만드는 것도 좋다.

〈리스트 깔때기의 흐름〉

리스트 깔때기

주요 리스트

주간 리스트

일일 리스트

시간별 계획

리스트 깔때기 사용법

리스트 깔때기는 거시적인 것부터 미시적인 것까지 리스트 작성이 얼마나 효과적인지 잘 보여준다. 우선 '주요 리스트'에서 시작하는데, 당신이 하고 있는 모든 일을 구체적인 시간이나 스케줄 없이 3만 피트 상공에서 내려다본다고 생각해 보자. 당신의 뇌 안에 있는 아직 닫히지 않은 루프를 모두 스캔하는 것이다. 명심하라. 이 세상에 '일하는 당신'과 '사적인 당신'은 없다. 뇌가 하나니 리스트도 하나다. 주요 리스트에 업무상 할 일과 개인적인 할 일이 모두 포함되어야 한다.

일단 주요 리스트를 작성하고 나면 실천 항목들로 '주간 리스트'를 작성한다. 주간 리스트는 주요 리스트에서 이번 주에 해야 할 구체적인 일들을 항목으로 작성한 것으로, 구체적인 날짜를 배정한다. '일일 리스트'는 하루의 개요로, 가장 중요한 우선 사항들과 언제 그것을 달성할지를 담고 있고 당신이 매일 포함시키고 싶은 습관도 적으면 도움이 된다. 일일 리스트는 시간별 계획으로 구성된다. 시간별 계획은 하루가 어떻게 흘러갈지 정확히 보여주는 예행연습으로, 개별 과업이나 활동이 그날 언제 수행될지 알려준다. 시간별 계획을 모두 계획한 대로 달성하면 상위 리스트를 구성하는 한 부분을 모조리 달성한 것이다. 리스트들은 공존하며 상호작용한다.

① 주요 리스트

자동차의 대시보드에 속도, 엔진 회전수, 휘발류 잔량 등 주행하기 위해 필요한 모든 정보가 표시되는 것처럼 주요 리스트에는 당신이 해야 할 모든 일이 구체적인 유형의 에너지와 활동으로 분류되어 있다. 내 리스트를 예로 살펴보면 나는 업무에 필요한 일과 개인의 일을 구분해 적고, 이를 달성하기 위해 필요한 활동 유형에 따라 목록을 정리했다. 컴퓨터를 활용해야 할 일, 전화로 할 일, 가정일, 사야 할 것, 간단히 처리할 수 있는 심부름 등으로 분류하면 업무를 파악하기 쉽다. 가령 컴퓨터는 사용할 수 있으나 전화 통화는 할 수 없는 장시간 비행 동안 할 일을 쉽게 찾을 수 있다. 아니면 장을 보러 나왔는데 아이들 픽업 가기 전까지 시간이 좀 남았을 때처럼 컴퓨터를 사용할 수 없는 상황에서 처리할 일을 바로 찾는 데에도 유용하다. 유사한 활동들끼리 묶어놓아 한눈에 볼 수 있게 함으로써 미래의 당신이 완벽한 성공을 거두도록 준비시키는 것이다.

〈주요 리스트 예시〉

주요 리스트

컴퓨터 - 업무

- □ 이메일 교육 자료 만들기(10/2일 마감)
- □ 프로젝트 제안서 작성 끝내기
- □ 회의 일정 정하기
- □ 뉴스레터 초안 작성(8/30일 마감)

컴퓨터 - 개인

- □ 여름 캠프 등록하기
- □ 자비에 생일 파티를 위한 초대장 만들기
- □ 책 집필 끝내기(12/8일 마감)
- □ 어머니를 위한 사진첩 디자인하기

전화 통화

- □ 보강 수업 잡기 위해 수영 학교에 전화하기
- □ 입학 상담을 위해 교장 선생님께 전화하기
- □ 보험사에 전화(치과 비용 문의)
- □ 망가진 담장 수리를 위해 전화하기

가정

- □ 아이들 겨울옷 정리하기
- □ 여행에 필요한 비치 용품 꺼내기
- □ 스크린 도어 수리하기
- □ 피아노 배우기

살 것

- □ 거실용 새 러그
- □ 생일 파티용 선물(3/3일 전까지)
- □ 아버지날 선물(6/7일 전까지)
- □ 개 사료

간단한 심부름

- □ 수영복 환불하기(8/12일까지)
- □ 자동차 점검 맡기기(11/1일까지)
- □ 출력된 사진 가지러 가기
- □ 드라이클리닝 맡기기

각 프로젝트에 대해 하위 항목을 작성하는 게 아니라 유사한 종류의 업무로 활동을 묶는 게 핵심이다. 예로 든 여섯 가지 카테고리는 나에게 맞춘 것들이고 당신도 당신만의 카테고리를 만들 수 있다. 같은 종류의 활동이라면 무엇이든 그룹으로 묶으면 된다. 나는 대부분의 일을 컴퓨터로 하지만, 업무 활동 유형을 두세 가지로 더 분류할 수도 있다. 예를 들어 당신이 거래 전문 변호사라면 '계약서 초안 작성'과 '협상 준비' 카테고리가 있을 수 있다. 둘은 다른 종류의 에너지를 써야 하기 때문이다. 사진작가라면 '고객 대응'과 '편집' 카테고리가 있을 수 있다.

주요 리스트는 한때 머릿속에 있던 모든 걸 적어낸다. 이 리스트를 매주 살펴보고 항목을 완수할 때마다 하나씩 지워가면 된다. 머리를 깨끗하게 비우고 효율성을 높이기 위한 가장 좋은 방법은 자리에 앉아서 현재 당신의 뇌 속에 열려 있는 모든 루프로 주요 리스트를 작성하는 것이다. 물론 기한도 포함되어야 한다. 이 장 전체에서 딱 하나만 실천해야 한다면 내가 강력히 추천하는 게 바로 이 주요 리스트 작성이다. 그만큼 생산성을 높이는 데 큰 도움이 되기 때문이다. 지금까지 뇌 속에 있던 모든 것을 털어내어 그룹별로 정리해 보라.

② 주간 리스트

생산성을 막는 가장 큰 장애물은 대개 '하고 싶은 일들은 많지만 실제로 언제 그것을 할지 계획이 없는 것'이다. 내가 만난 한 임원은 해야 할 일이 하도 많아서 항목들을 계속 이월하고 있다고 불평했다. 첫 코칭이 진행됐을 때 나는 그 리스트를 가져와 달라고 요청해서 캘린더를 출력해 자리에 앉아 리스트에 있는 각 항목을 하나씩 검토했다. 나는 "이 일을 하고 싶으신가 봐요. 언제 할 계획이시죠?"라고 물었다. 거의 대부분의 항목에 대해 그는 이렇게 답했다. "음, 나도 모르겠어요. 하루 종일 회의가 있어서 이때도 저때도 시간이 없어서…. 아마 밤에 하겠죠?" 모든 일을 밤에 하고 싶어 하는 사람은 없다. 특히 하루 종일 회의를 했다면 말이다. 그건 번아웃에 이르는 길이다.

일요일 밤이나 월요일 아침, 한 주를 시작할 때 주요 리스트를 살펴보고 그것을 이용해서 주간 리스트를 만든다. 주요 리스트만 사용하면 주의가 몹시 산만해진다. 왜냐하면 그 주에 당장 할 생각이 없는 일들까지 모두 살펴봐야 하기 때문이다.

주간 리스트를 만들고 나서 그주의 스케줄을 점검할 때

이러한 루프들을 '닫기 위해' 어떻게 계획을 세울지 방법을 강구한다. 주요 리스트는 당신이 결국 언젠가 해내길 원하는 모든 일을 담고 있기 때문에 이번 주가 출장과 회의로 바빴다면 미처 처리하지 못한 일을 리스트에 남겨놔도 괜찮다.

반면 주간 리스트는 실천 리스트다. 나는 매주 주요 리스트를 살펴보며 이를 실행하기 위한 뚜렷한 공간과 주제를 만든다. 금요일 이른 저녁에 나는 장을 본다. 수요일 밤에는 컴퓨터로 개인 업무를 본다. 화요일 저녁에는 컴퓨터를 일절 건드리지 않고 집안에서 물리적인 일을 한다. 일요일 밤에는 온라인 쇼핑으로 필요한 것들을 구매한다. 이렇게 하면 내 주요 리스트의 각 부분을 최소한 일주일에 한 번은 확실하게 다룰 수 있다.

⊘ 아직 하지 않은 일을 모두 담은 리스트를 작성하라.
리스트는 당신이 하고 있는 모든 일만큼이나 중요하다.

막상 일정표를 작성하려니 어디에 업무를 배치해야 할지 고민이 깊어질 수 있다. 이는 출장/회의 일정을 고려할 때 무엇을 달성할 수 있을지를 더 현실적으로 바라보아야 한다는 뜻이다. 주간 리스트를 신중하게 지키면 한 주가 끝날 무렵 해야 할 일을 다 하지 못해서 깜짝 놀라거나 주말 내내 일하거나 다음 주까지 미루는 일이 더는 없게 된다.

주간 리스트에는 '그날의 주제'를 담을 수 있는 단락을 마련해 두면 좋다. 이 단락은 당신이 장기적으로, 그리고 단기적으로는 주별로 에너지와 업무량을 관리하는 데 도움이 될 수 있다. 가령 당신이 매일 저녁에 요리를 한다고 치자. '오늘 뭘 먹지?'부터 생각하며 그 과정을 시작한다면 얼마나 괴로운가. 대신 월요일엔 고기 안 먹기, 화요일엔 이탈리안 푸드, 수요일엔 새로운 레시피, 목요일엔 수프와 같이 매일 주제가 있다고 상상해 보자. 주제가 있으면 저녁 식사를 계획하고 만들기가 훨씬 수월해지고, 새로운 레시피를 자주 시도해 보게 되며 사흘 내내 이탈리안 푸드만 먹는 불상사는 일어나지 않는다.

마찬가지로 일터에서 매일 주제를 정하면 매주 모든 우선 사항에 집중하게 하고, 어떤 일이라도 몇 주간 확인하지 않는 일은 벌어지지 않는다. 가령 목요일은 '행정 업무와 비용 처리의 날'로, 금요일은 '고객사 후속 보고의 날'로 정할 수 있다. 주간 리스트를 만들 때 주제는 항상 일관되게 유지

〈주간 리스트 예시〉

주간 리스트

이번 주의 3대 우선 사항   하기로 계획한 날

- □ 사업 제안서 작성 끝내기(2시간)   화요일 아침
- □ 아이들 여름 캠프 등록하기(1시간)   수요일 저녁
- □ 관리자용 뉴스레터 초안 작성하기(30분)   목요일 아침

이번 주에 할 수 있는 다른 일   하기로 계획한 날

- □ 쇼핑몰에 가서 수영복 반품하기   금요일 오후
- □ 아이들 겨울옷 살펴보기   화요일 저녁
- □ 입학과 관련해서 교장 선생님과 통화하기   목요일 점심시간
- □ 자비에의 생일 파티 초대장 만들기   수요일 저녁
- □ 학교 파티를 위한 선물 주문하기   일요일 저녁
- □ 욕실 캐비닛 정리하기   일요일 저녁
- □ 어머니와 영상 통화   금요일 아침
- □ 가족 캠핑을 위해 예약하기   수요일 저녁

매일의 주제   습관 실천 횟수   다음 주에 생각해야 할 일

일: 식료품 준비   명상 ●●●●○   위원회 회의가 다음 주에

월: 업무 계획과 준비 / 빨래   운동 ●●●●●   있음

화: 코칭 세션 / 이사 프로젝트   공원 걷기 ●●○○○

수: 프로젝트 / 컴퓨터 작업

목: 행정 업무 / 직원 돌보기

금: 이메일 답장 / 심부름

토: 휴식 / 재미있게 보내기

해야 한다. 그래야 패턴을 세울 수 있다.

주제는 그날 이미 진행되고 있는 일들을 토대로 만들면 된다. 만약 월요일마다 팀회의가 있다면 그날의 주제는 '인력관리'로 잡고 오후에 부하직원들과 개별 회의를 진행하는 일정을 소화할 수도 있다. 또한 주요 리스트를 바탕으로 주제를 정하는 것도 방법이다. 그날의 주제를 일관되게 유지하면 어느 날 뜻밖의 자유 시간이 생길 때 도움이 된다. 곧바로 그날의 주제를 찾아보면 무엇을 해야 할지 알 수 있기 때문이다.

주간 리스트는 주요 리스트를 구체화해서 이번 주에 할 수 있는 일과 언제 그 일을 할 것인지를 계획하는 도구다. 회의를 하다가 이번 주에 끝내야 하는 새로운 업무가 생겼고 오늘 당장은 시작하지 않기로 했다면, 주간 리스트에 추가해야 한다. 주간 리스트에는 명상이나 운동처럼 습관을 기르는 데 도움이 되는 공간을 마련해 두는 것도 좋다.

③ 일일 리스트

일일 리스트는 모든 것을 한데 모아 보여준다. 매일 확인해야 한다. 일일 리스트는 상세한 내용을 포착하고 더 많은 일을 해낼 수 있도록 개별 과업들과 회의들을 한눈에 보여주는 데 강력한 역할을 하는 도구다.

첫 단락에는 절대적인 '최우선 사항'을 집중적으로 적는다. 매일 완수해야만 하는 과업은 무엇인가? 그 항목을 끝낼 때까지 다른 모든 일은 방해 요소일 뿐이다. 우리는 좀 더 쉬운 소소한 일들을 시작할 때 에너지가 적게 쓰인다는 이유로 그런 일들을 먼저 처리하려는 경향이 있다. 하지만 『개구리를 먹어라』의 브라이언 트레이시는 가능하다면 가장 어렵고 중요한 일을 먼저 하는 게 이롭다고 말한다. 이렇게 하면 아직 해결하지 못한 임무의 무게를 느끼며 하루를 힘들게 보내는 대신 해냈다는 성취감으로 나머지 시간을 보내게 된다. 가령 나는 동네 산책을 갈 때 언덕이 있는 쾌적한 경로로 간다. 좌측으로 가면 그 경로의 초입에 언덕이 있다. 우측으로 가면 바로 산책길의 끝이 나온다. 우측으로 갈 때마다 정복해야 할 거대한 언덕이 아직 남아 있다는 생각이 머릿속을 떠나지 않는다. 반면 좌측으로 가 언덕을 바로 넘으면 성취감이 들어 산책하는 나머지 시간이 즐겁다. 이런 우리의 심리를 적극적으로 활용해야 한다.

'기타 우선 사항'은 주간 리스트에서 파생된 리스트다. 그날 무슨 일을 하기로 계획했는가? 할 수 있는 일들 가운데 무엇이 그날의 주제에 해당되는가? 이 리스트를 작성하는 게 아주 어렵게 느껴진다면, 누군가 당신에게 와서 내일 당장 한 달간 휴가를 떠나야만 한다고 말하는 상황을 상상해 보면 좋다. 한 달 뒤 돌아왔을 때를 대비해서 떠나기 전에 내가 무엇을 반드시 처리해 놓고 가야 할까? 그 일을 시작점으로 삼아 보자.

아침에 회의가 있었는데 그날 완수해야 하는 업무가 새로 생겼다면, 즉시 일일 리스트의 기타 우선 사항에 추가하라. 가장 중요한 것은 기타 우선 사항 리스트가 시간별 계획에 들어 있어야 한다는 것이다. 리스트에 있는 항목은 캘린더에도 있어야 한다.

시간별 계획에는 통근, 운동, 회의, 이메일 확인 및 처리 시간과 기타 임무들도 포함되어야 한다. 이 리스트는 당신의 하루가 어떻게 흘러갈지 보여주는 리허설이다. 하루가 반드시 계획대로 흘러가지 않을 수도 있으나 애초에 계획이 없다면 계획대로 흘러가는 일은 분명 없을 것이다.

일일 리스트에는 소소한 일을 위한 단락도 마련해 둔다. 5분 이하의 시간이 걸리는 이러한 일들은 큰 실천 항목들을 구성하는 작은 부분들로 짬이 날 때 처리한다. 혹은 그날 갑

〈일일 리스트 예시〉

일일 리스트

오늘의 최우선 사항

사업 제안서 끝내기

오늘 감사한 일

동생이 저녁을 먹으러 온다

기타 우선 사항

□ 바하브나에게 2025년도 예산에
  대해 답변 전달하기
□ 아이들 겨울옷 정리
□ 다음 주 코칭 세션 정하기

시간별 계획

오전 7시	명상, 아침밥 만들기
오전 8시	학교 데려다주기 / 출근 / 이메일 정리
오전 9시	사업 제안서 끝내기
오전 10시	사업 제안서 끝내기
오전 11시	이메일에 답장하고 코칭 세션 요청 양식 검토하기
오후 12시	점심과 산책
오후 1시	회의
오후 2시	회의
오후 3시	바하브나에게 내년도 예산안 보내기 / 이메일 읽기
오후 4시	회의 / 이메일 폴더 다시 살펴보기
오후 5시	귀가 / 저녁 식사 준비
오후 6시	저녁 식사와 아이들과 노느 시간
오후 7시	아이들 겨울옷 살펴보기

아주 소소한 일

- 개 사료 주문하기
- 인테리어 업체에
  전화하기

마음챙김의 순간들

- 집중을 위해 메일
  창을 닫았다
- 30분 동안 침묵했다
- 자연 속을 걸었다

내일의 우선 사항

자기 발생했는데 그날이 지나기 전에 끝내야 하는 일이 있을 수도 있다. 예를 들어 오늘 중으로 집주인에게 전화를 해야 한다는 걸 아침에 깨달았다면 이런 일을 아주 소소한 일 목록에 추가하라. 회의가 예정보다 일찍 끝난다면 그 짬을 이용해서 이 리스트를 확인하고 재빨리 통화를 하면 된다. 소소한 일을 미리 적어두면 바로바로 처리할 수 있어 하루의 1분까지 야무지게 사용하게 된다. 아울러 일과 일 사이에 시간이 생겼을 때 '다음에 무슨 일을 해야 하지…' 하고 생각할 필요가 없다.

하루의 마지막에는 완수하지 못해서 이튿날로 이월해야 하는 항목들을 파악하고 주간 리스트에서 완수한 일을 지운다. 어느 하루 당신이 해야 하는 일을 하지 않았는데 그냥 지나가는 일이 발생하지 않도록 방지하기 위해 이 단계는 아주 중요하다. 일을 완전히 끝낼 때까지 리스트 깔때기의 상위 리스트에서 지우지 말아야 한다. 그래야 리스트를 검토할 때 그 일을 여전히 완수해야 한다는 걸 기억할 수 있다. 일일 리스트에는 감사한 일을 적어둘 수 있는 단락도 있다. 이 단락은 매일 생각의 관점을 확장시켜 주는 효과가 있다. 해야 할 일들을 하며 바쁘게 하루를 보내는 동안 리스트 상단을 보며 그날 나를 기쁘게 해줄 일을 떠올려보는 것도 좋다.

④ 기타 리스트

보조로 활용하기 좋은 다른 리스트도 있다. 나는 '포착 리스트', '수집 리스트', '장보기 리스트'를 활용한다. 이 경우 주요 업무와 완전히 다르기 때문에 매일 사용하는 리스트 깔때기 밖에 존재해야 한다.

- **포착 리스트:** 컴퓨터 앞에 앉아 있을 때 최고의 아이디어가 떠오르는 일은 좀처럼 없다. 주로 아이디어는 샤워를 하거나 출퇴근길에 혹은 개 산책을 하다가 떠오른다. 포착 리스트는 당신의 뇌 안에 열려 있는 모든 루프를 적는 공간이기 때문에 열린 루프와 닫힌 루프 사이에 다리를 놓는 데 도움이 된다. '포착'은 생산성의 5C 가운데 하나다. 포착 리스트는 번뜩이는 아이디어를 주요 리스트에 반영하기 전까지 보관하는 주차장이다. 당신이 생각한 것들이나 당신이 하는 모든 종류의 행동을 담아둔다. 예컨대 '회의 때 작성한 메모 다시 살펴보기'부터 '현관 등에 갈아 끼울 전구 사기'까지 잡다

한 모든 일을 담는다. 이 일들은 당신이 해야 하거나 하고 싶은 일에 대해 무작위로 떠올린 것들이다. 뇌가 하나이듯 포착 리스트도 하나다. 주요 리스트를 꺼내 볼 때마다 포착 리스트를 참조해서 이 항목들을 주요 리스트에서 해당되는 부분으로 옮긴다. 포착 리스트는 영감을 받은 모든 것을 수집하고 소화하는 장소의 역할을 한다.

- **수집 리스트:** 수집 리스트는 언젠가 가고 싶은 카페, 읽고 싶은 책, 여행 가고 싶은 장소 등 매일 해야 할 일에 반드시 속할 필요는 없는 것들로 구성한다. 예를 들어 읽고 싶은 책과 배우고 싶은 피아노곡 혹은 시도해 보고 싶은 레시피를 적은 리스트일 수 있다. 책을 다 읽어 새로운 책이 필요할 때 확인한다.

- **장보기 리스트:** 사야 할 식료품이 생길 때마다 주요 리스트의 '살 것' 단락에 추가하면 다소 귀찮을 수 있다. 언제든 접근할 수 있는 장소에 별도의 장보기 리스트를 보관하는 게 좋다. 매주 마트에 가기 전에 나는 이 리스

트를 살펴본 후 필요한 모든 것을 복사해서 농산물, 유제품, 육류, 곡류, 냉동식품, 과자, 음료로 분류한다.

업무는 흐름이다

업무가 잘 흘러가면 업무 완성도는 한 단계 높아진다. 주요 리스트를 만드는 데 시간이 좀 걸릴 수 있지만, 일단 만들고 나면 매일, 매주, 몇 분이면 이 시스템을 유지할 수 있다. 디지털 형태의 주요 리스트를 사용하면 주간 리뷰 동안 동그라미 친 항목들을 간단히 제거할 수 있고, 종이로 적힌 리스트를 사용하면 한 달에 한 번 정도의 주기로 리스트를 다시 복사해 시작하면 된다. 그리고 나서 매주 일요일 밤이나 월요일 아침에 주간 리스트와 일일 리스트를 작성하고 포착 리스트에서 항목들을 주요 리스트로 옮긴다.

각 리스트는 개별적일 수 있지만 리스트들을 하나의 시스템으로 엮는 것이 바로 '업무 흐름'이다. 특정 주기에 따라 리스트를 살펴보는 표준화된 흐름을 만들면 마감 기한에 대한 스트레스가 사라진다. 기한보다 앞서게 되기 때문이다. 나의 리스트에 두 달 뒤 마감인 프로젝트가 있다면, 나는 매주 한 번씩 주요 리스트를 볼 때마다 그것을 보게 되므로 여덟 번 이상 보게 된다. 그러니 갑자기 기한이 코앞에 닥쳤다고 느끼는 일이 없고, 막판에 다다르기 전에 프로젝트를 위한 시간을 충분히 할당해 둘 것이다. 순조로운 업무 흐름을 만들기 위해 리스트 깔때기를 이용한 스케줄은 이런 모습이다.

〈요일별 업무 흐름〉

· 일단 시작하면 → 현재의 주요 리스트를 작성한다.
· 아이디어가 들어오면 → 포착 리스트에 적는다.

일요일	월요일	화요일	수요일	목요일	금요일
□ 그주에 끝낸 항목을 지우고 포착 리스트를 살펴보며 새로운 아이디어를 찾아 주요 리스트를 업데이트한다. □ 주요 리스트를 참조해서 주간 리스트로 항목들을 이전하고, 월요일의 일일 리스트를 작성한다.	□ 끝낸 일들을 지워 주간 리스트를 업데이트한다. □ 주간 리스트와 전날의 일일 리스트를 참조해서 다음 날의 일일 리스트로 이전한다. □ 추가해야 할 항목을 찾기 위해 일주일에 두세 번, 포착 리스트를 확인한다.				

리스트를 효과적으로 사용하는 게 핵심이다. 아이디어가 떠오를 때 어디에 포함시켜야 하는지, 갑자기 짬이 날 때 리스트의 어디를 봐야 하는지, 특정 시점에 완수한 모든 일과 완수하지 못한 모든 일을 알기 위해 어느 부분을 봐야 하는지 반드시 이해해야 한다. 리스트 깔때기가 이 문제를 모두 해결한다. 과업, 임무, 해야 할 일을 거시적인 관점에서부터 미시적인 관점으로 정리하면, 전체적인 규모와 우선순위를 더 명료하게 파악하게 되어 일일 및 주간 스케줄을 관리하는 능력이 향상될 것이다.

업타임 실천 전략

- 머릿속에 있는 모든 생각을 기록해서 현재의 주요 리스트를 작성한다.
- 주간 리스트와 일일 리스트를 이용해서 한 주를 보낸다.
- 휴대폰에 포착 리스트를 추가해서 아직 리스트에 없지만 떠오른 아이디어나 열린 루프를 담아둔다.

UPTIME

PART 2

시간의 원칙

적게 일하고도 많이 성취할 수 있다

Chapter 05

수익률 높은 시간대는
각자 다르다

한 광고회사 임원을 코칭한 적이 있다. 그는 오전에 에너지가 넘치는 아침형 인간이었다. 그래서 "전략적인 업무를 아침에 처리하는 게 좋겠네요"라고 조언했더니 "사실 아침에는 항상 동부에 있는 직원들과 회의를 해야 돼서 에너지가 떨어지는 오후에 대부분의 일을 처리하고 있습니다"라고 답했다. 그는 본사가 있는 서부의 캘리포니아에서 일했지만, 그와 함께 일하는 팀은 세 시간 정도 더 일찍 하루가 시작되는 동부의 뉴욕에서 일했다. 그래서 임원과 팀원 모두가 근무 중일 때 회의를 하기 위해서 그의 집중력이 높은 시간대인 오전에 회의를 했던 것이다. 그가 평소에 업무를 잘 해내지 못한다고 느끼는 이유가 여기에 있다. 오전 회의 전후로 주요 업무를 처리한다고 해도 집중력이 높은 시간대를 최대한 활용하지 못하고 있었다.

⊘ 캘린더에 있는 모든 시간이

다 똑같진 않다.

'무엇'을 할지 계획하는 것보다 그 일을 '언제' 할지 계획하는 게 훨씬 더 중요하다. 누구나 일정에 회의처럼 자신이 통제할 수 없는 시간이 있겠지만, 그 외에 일정이 잡혀 있지 않은 시간의 가치는 모두 같지 않다. 할 일을 수행할 최선의 시간이 언제인지를 파악하는 게 중요하다. 같은 시간, 같은 공간에 앉아 있더라도 모두가 각기 다른 흐름으로 일한다. 그리고 우리는 언제 두뇌 회전이 가장 잘되고 에너지가 충만한지, 언제가 몰입 상태인지, 언제 그렇지 않은지 자신의 상태를 대략적으로나마 알고 있다.

늦은 밤까지 깨어 있는 올빼미형 사람이 있는가 하면 새벽 5시에도 거뜬히 일하는 사람도 있다. 일이 잘되는 시간은 우리 몸의 시스템에 새겨져 있다. '수면 학회(Sleep Society)'가 실시하고 옥스퍼드대학교 출판사에서 발표한 2016년 연구를 포함해 최근의 연구에 따르면, 하루 중 최적의 활동 시간대가 개인마다 모두 다르다고 한다. 이를 알기 쉽게 분류하고 정의한 것이 바로 '크로노타입(chronotype)'이다. 이 리듬은 유전자에서부터 이미 결정되어 있으며 우리의 생활 패턴에 영향을 미친다. 나와 내 남편의 활동 시간대는 정반대다. 대략 오후 2시에 나는 너무 지쳤다고 느끼는 반면 남편은 그 시간에 운동을 시작한다. 나는 6시에 일어나 하루를 준비하는 걸 좋아하지만 그는 내가 졸고 있는 밤 11시에 돈 문제에 대해 얘기하고 싶어 한다. 이러한 리듬은 아주 어릴 때부터 형성되며 우리 아이들에게서도 일찍부터 나타났다. 내 딸은 밤에는 피곤해서 책을 읽고 싶어 하지 않지만, 아침에 책을 읽어주면 기꺼이 앉아 열심히 듣는다. 점심 무렵은 아이의 창의성이 가장 풍부해지는 시간대다. 딸은 그 시간에 그리거나 만드는 걸 좋아한다. 이와 같은 리듬은 이미 우리 안에 존재한다. 자신의 리듬을 파악하면 뭔가를 할 최적의 시간에 그 일을 하도록 시간을 배정할 수 있다.

내일 하루 종일 회의도 없고, 방해받을 일도 없고, 해야 할 일도 없지만 혼자 처리해야 할 일이 쌓여 있다면 당신은 하루를 어떤 식으로 구성할 것인가? 답을 생각해 보면 당신이 가장 집중하는 시간이 언제인지 파악하기 쉽다. 누군가는 이렇게 답할 것이다. "9시에 일어나서 이메일이나 업계 뉴스로 슬슬 하루를 시작하고, 산책을 한 후 늦은 점심을 먹고, 저녁 7시나 8시까지 할 일에 집중한다. 아마 더 늦게 시작하면 밤 12시 정도에 끝날 수도 있다." 그런가 하면 아침 5시에 일어나서 낮에 운동을 하고, 2시부터 4시까지 휴식을 취하고, 에너지가 없는 저녁이 되기 전에 이메일을 분류하는 사람도 있다. 2주간 책상 옆에 작은 노트를 두고 생산성이 정말 높다고 느껴질 때마다 그 조건들을 적어보자. 내가 가장 몰입할 때 나의 업무 패턴은 다음과 같다.

- 아침 8시에서 오후 1시 사이
- 방에 다른 사람이 없을 때
- 커피를 마신 후 두 시간 이내
- 연주곡을 들을 때(보통 영화음악)

– 충분한 양의 식사를 한 후(과식은 아님)

– 멀티태스킹을 하게 되는 더블 스크린이 아닌, 노트북만으로 일할 때

당신이 언제 몰입을 가장 잘하는지, 그리고 가장 못하는지 관찰하고 한두 주 동안 적어보면 패턴을 발견해서 고유의 에너지 흐름을 제대로 파악할 수 있다.

파워 아워 찾기

당신의 전반적인 업무 패턴을 발견하면, 자신에게 최적화된 이상적인 환경을 최대한 자주 만들 수 있다. 이렇게 하면 '파워 아워(power hours)'를 발견하는 데 도움이 된다. 파워 아워는 하루 중 가장 집중해서 전략적으로 일하며 에너지가 넘치는 두세 시간을 말한다. 이 시간에 3대 우선 사항을 처리하는 방식이 가장 이상적이다.

파워 아워는 에너지 포인트가 가장 잘 쓰이는 시간으로 이때 모든 것을 통제하고 있는 듯한 느낌을 가장 많이 받는다. 이 시간에 특별히 의견을 내지 않아도 되는 따분한 회의

자리에 앉아 있는 건 참으로 낭비다. 이 시간은 최고의 결과물을 낼 최고의 기회이기 때문이다.

나의 파워 아워는 보통 아침 9시부터 11시까지다. 때론 파워 아워에 다른 시간으로 옮길 수 없는 임무가 끼어들기도 한다. 가령 상사와의 회의나 자녀를 학교에 등교시키는 일 말이다. 그래도 괜찮다. 어느 정도 이 시간을 지키려고 노력하는 게 더 중요하다. 일주일에 1회에서 3회라도 당신의 주요 업무를 위해 파워 아워를 사수하거나 아니면 세 시간의 파워 아워 가운데 단 한 시간만 사용할 수 있다 해도 업무에 대한 통제감이 크게 달라질 것이다.

앞서 예로 든 임원은 일주일 중 이틀 아침을 집중해서 일하기 위해 시간을 빼두기 시작했다. 그는 모든 회의를 나머지 3일의 아침으로 옮겼다. 그렇게 하자 전체적인 주간 생산성이 약 30퍼센트나 상승했다. 일을 수월하게 해낸다고 느끼는 시간에 커다란 시간 블록이 두 개나 있다는 걸 알았기 때문이다. 그는 더 이상 에너지가 가장 낮은 시간에 일을 하느라 고생하지 않는다.

나는 무수히 많은 고객으로부터 "스케줄에서 이거 하나 바꿨을 뿐인데 업무 통제력에 큰 변화가 생겼다"라는 말을 들었다. 자신만의 파워 아워를 찾은 후 스케줄을 조정해 3대 우선 사항을 처리하기 위한 시간으로 확보하는 건, 가장 작은 변화로 가장 큰 차이를 일으키는 방법이다. 매일 12시에 점심을 먹는 한 직원은 파워 아워가 매일 아침 10시부터 1시까지인 걸 깨닫고 1시 이후로 점심시간을 옮겼다. 그러자 12시부터 1시까지가 매일 가장 생산적인 시간이 되었다. 그 시간을 점심을 먹는 데 썼다니 얼마나 손해인가!

오프 피크 아워의 역할

파워 아워와 반대로 누구에게나 매일 에너지 수준이 최저인 한두 시간이 있다. 나는 이 시간을 '오프 피크 아워(off-peak hours)'라고 부른다. 업무 시간 밖이라서가 아니라 에너지 수준이 절정(peak)인 시간에서 벗어나 있기 때문이다. 아침형 인간에게 오프 피크 아워는 아마 오후일 것이다. 늦은 오후형 인간에게 아침 8시는 일일 리스트를 수행할 준비가 되어 있지 않은 시간일 것이다. 그렇다면 이때 무엇을 해야 할까? 커피를 마시며 동료와 가볍게 대화를 나누거나, 지출

내역을 제출하거나, 에너지가 적게 소요되는 이메일에 빠르게 답장하는 활동을 하기에 아주 좋은 시간이다.

또한 흥미롭게도 에너지가 낮을 때 창의성이 높아질 가능성이 크다. 집중을 덜 하면 뇌가 다소 '멍'해지며 더 광범위하고 다양한 아이디어와 연결점들을 떠올리게 된다. 알비온 대학교의 심리학과 교수인 마레이케 위스와 로즈 잭스가 실시한 연구에 따르면, 우리는 약간 피곤하거나 정신이 혼미한 상태여서 집중할 수 없는 오후 시간에 더 창의적이 된다. 분석이나 논리 영역의 수준이 낮아질 때 통찰력과 창의력이 서서히 높아지기 때문이다. 에너지가 떨어져 이완될 때 아이디어가 잘 떠오르는 현상을 '영감의 역설'이라고 부른다. 이런 시간에는 마음이 자유롭게 배회할 수 있도록 산책하는 것도 아주 좋다.

크로노타입이 대부분 생물학적으로 정해져 있긴 해도, 지금 하고 있는 일에 파워 아워가 효과가 있는지는 항상 따져보는 게 좋다. 처음에 나는 파워 아워에 글이 가장 잘 써져서 그 시간을 매일 책을 쓰는 시간으로 정해두었다. 하지만 몇 주가 지나자 그렇게 에너지 수준이 높은 시간에는 큰 틀을 잡고, 편집본을 검토하고, 책에 관한 의사결정을 내리는 게 더 좋다는 사실을 깨달았다. 반대로 나는 에너지 수준이 가장 낮은 시간 동안에 가장 창의적으로 글쓰기에 몰입할 수 있었다. 그렇게 나의 업무 흐름에 따라 스케줄과 업무를 완전히 조정했다.

업무 장악력을 높이는 몰입법

파워 아워와 오프 피크 아워를 알면 통제감이 상승한다. 어떤 시간이 어떤 업무를 하기에 최고의 시간인지를 알기 때문이다. 결과물도 더 좋아지고 일을 하려고 덤비기 전에 에너지가 준비되었는지 확인할 수 있다. 그 최적화 상태를 알아가는 최고의 방법은 '나는 언제 이런 종류의 일을 하고 싶은가?' 하고 스스로 묻는 것이다. 바로 그 시간에 그 일을 하면 된다! 뭔가를 하려고 책상에 앉았는데 잡생각만 든다면, 아마도 그 일을 하기에 최적의 시간이 아닐 수 있다.

선뜻 내키지 않는 일이라면 하지 않아도 된다. 좋은 리스트 깔때기가 있으면 어쨌든 기한보다 앞서 끝낼 수 있다. 이 시간에 이 일을 하는 것이 물결을 거슬러 노를 젓는 느낌인지, 물결을 타고 아래로 흐르는 느낌인지 생각해 보자. 어떤 일에 착수했을 때 흐르는 물을 타고 아래로 내려가는 느낌이어서 쉽게 해낼 수 있겠다는 확신이 든다면 그때가 바로 일을 해내기에 최선의 시간이다. 이것을 알면 하루 중 에너지가 낮은 시간 동안 그래도 할 수 있는 일들을 하고, 하루 중 가장 일이 잘 되는 시간에 빠르게 몰입해 당신의 시간 효율성을 극대화할 수 있다.

마찬가지로 뭔가를 할 마음이 솟아나는 시간을 최대한 활용하자. 두 시간 동안 뭔가를 하기로 계획하고 그 후 에너지가 고갈될 거라 예상해서 휴식 시간을 추가했는데 시간이 지나도 여전히 쌩쌩하고 일을 계속할 동기가 충만한 상태라면? 계속하면 된다! 목요일은 보통 피곤하기 때문에 나는 운동을 하지 않고 쉰다. 하지만 간혹 목요일 아침에 일어나서 운동을 할 수 있는 에너지를 느끼면 그럴 계획이 없었어도 운동을 한다. 무엇을 하고 싶은지 하고 싶지 않은지 파악하기 위해 스스로에게 자주 물어보는 것이 좋다.

가장 일이 잘 되는 시간이 언제인지, 언제 깊게 몰입하는지, 언제 식곤증이 몰려와 일하기가 힘든지 파악하면 자신의 에너지에 맞춰 최소의 시간으로 최대의 결과를 만드는 생활 패턴을 얻을 수 있다. 사람들은 항상 시간이 부족하다고 말하지만 언제 잘할 수 있는지 제대로 파악하고 그 시간에 중요한 일을 하기로 미리 정해두면 절대로 시간은 부족하지 않다. 자신의 에너지 수준에 따라 시간을 분배하면 에너지를 집중시킬 뿐 아니라 가장 중요한 일에 힘을 쏟게 해준다. 이것이 생산성을 높이는 가장 강력한 도구다.

업타임 실천 전략

- 2주간 책상에 노트를 두고 몰입 상태라고 느낄 때의 조건을 기록한다. 자신만의 패턴을 파악한다.
- 기록한 것을 보고 하루 중 가장 집중이 잘되는 2~3시간이 언제인지 파악한다. 그 시간을 우선 사항에 해당하는 과업을 위해 최대한 자주 할당한다.
- 오프 피크 아워를 회의, 브레인스토밍, 근황을 따라잡기 위한 대화, 업계 기사 읽기나 행정 업무 처리에 사용한다.

Chapter 06

계획은 제로에서 시작하라

회계사들은 이듬해 예산을 책정할 때 '제로베이스 예산 편성'이라는 방법을 더러 사용한다. 간략하게 설명하자면 올해 필요한 금액을 추정하기 위해 작년 예산이나 지출을 보지 않는 것이다. 즉 과거의 경험을 따지지 않고 현재 상황만 봤을 때 정말로 무엇이 필요한지 스스로 묻는 것이다. 이런 자세는 '소유 효과'라는 것을 없애는 데 사용될 수 있다. 심리학에서 말하는 소유 효과란 사람들이 자신이 소유하지 않은 대상보다 이미 소유한 대상에 더 많은 가치를 부여하는 경향성을 뜻한다.

업무에서도 마찬가지다. 만일 오늘 갑자기 참여해야 할 회의가 잡히면 일정표에 이미 잡혀 있는 회의가 더 중요해 보이기 마련이다. 제로베이스 사고방식은 무언가가 거기 있었기 때문에 계속 유지해야 한다는 생각을 없애고 대신 지금 정말로 필요한 것이 무엇인지 현실적으로 깨닫고 집중하는 데 도움이 된다.

이는 내가 '제로베이스 캘린더 작성'이라고 부르는 것의 초석이다. 제로베이스 캘린더는 임무, 회의, 우선 사항을 백지화한 상태에서 일정을 짠다면 어떻게 해야 이상적인 일정표로 완성할지 생각하는 것이다. 아무것도 적혀 있지 않은 일정표가 있다면 당신은 일정표를 어떻게 채워나갈까? 마치 새 출발처럼 느껴질 것이다. 갑자기 자기 인생의 설계자가 된 것처럼 말이다.

물론 우리에게는 변경할 수 없는 일정과 반드시 지켜야 하는 임무가 있다. 하지만 이상적인 일정표가 무엇일지 브레인스토밍하기 위한 출발점으로 제로베이스 캘린더를 떠올리기 바란다. 몇 가지 쉬운 단계를 따르면 누구나 할 수 있다.

완전히 비어 있는 캘린더에 아래와 같은 순서로 일정을 더해 보자.

① 바꿀 수 없는 일정을 인지하라

세금처럼 반드시 납부해야 하는, 협상이 불가능한 일정이 있다. 상사가 주도하는 회의나 자녀를 등교시키는 일이나 변경될 가능성이 없는 다른 임무들이다.

② 시급한 일정은 파워 아워에

당신이 집중해야 하는 일을 할 시간을 정한다. 세 시간의 파워 아워 가운데 한 시간, 혹은 일주일에 하루 이틀에 불과하더라도 괜찮다. 매주 파워 아워를 설정할 수 있는 시간은 모두 황금과 같다.

어떤 날들의 파워 아워가 다른 날들의 파워 아워보다 더 좋다는 걸 알아챌 수도 있다. 나에게 금요일 9시부터 11시까지가 모든 파워 아워 가운데 가장 에너지가 넘치는 시간이다. 주말 전에 에너지를 쏟아낼 동기부여가 되어 있기 때문이다. 나는 그런 시간을 매주 반드시 떼어둔다. 그 시간에 가장 큰 프로젝트와 가장 전략적인 과업들을 배치한다.

③ 오프 피크 아워 적극 활용하기

에너지가 떨어지는 오프 피크 아워는 때론 매일 반복적으로 발생한다. 가령 월요일마다 두 시간 동안 직원회의를 한 뒤에는 늘 휴식이 필요할 수 있다. 그렇다면 그 시간을 휴식 시간으로 정해둔다. 점심 후 산책, 이메일 확인과 휴식을 위한 시간, 업계 뉴스를 읽기 위한 아침 30분 등 에너지가 떨어지는 시간에 처리할 수 있는 일들이 있다.

때로는 지치는 현상이 주마다 발생할 수도 있다. 나의 경우 목요일 아침마다 버겁거나 피곤하다. 나만 그런 게 아니다. 10년 동안 나는 직원을 대상으로 간단한 운동 교실을 운영했는데, 목요일마다 출석률이 가장 낮았다. 월요일부터 수요일까지는 열심히 일하지만, 목요일에는 전력투구할 에너지가 많이 떨어진 상태이기 때문이다. 많은 사람에게 목요일은 보편적으로 쉬엄쉬엄 보내는 날이다. 나도 비슷하게 느낀다. 나는 가능한 한 목요일에는 중요한 미팅, 의사 결정을 내리는 회의, 신규 프로젝트 착수, 전략 회의를 피하려고 한다. 일주일 내내 저녁 식사를 직접 준비하다가 목요일쯤 되면 요리에 지쳐버리는 것과 비슷하다. 내 딸은 목요일마다 방과 후 체조를 배웠는데 자세히 보니 아이가 그날 에너지가 없어서 체조를 좋아하지 않는 것 같았다. 그래서 월요일 오후 수업으로 바꾸었고 아이는 같은 수업을 듣고도 완전히 다른 경험을 했다. 자신의 에너지 수준에 대해 이렇게 패턴을 생각하는 것만으로도 큰 차이를 낳는다. 미리 계획하면 더 큰 차이를 만들 수 있다.

④ 일정 계획을 위한 짧은 시간 확보하기

일정을 계획하는 소소한 시간은 한 주 동안 중간중간 꼭 필요하다. 주간 리스트를 작성하는 일요일 저녁 혹은 월요일 아침의 짧은 시간, 아니면 이튿날을 위해 일일 리스트를 작성하는 매일 밤 10~15분의 짧은 시간이다.

두 시간 동안 회의를 했는데 바로 또 다른 회의가 잡혀 있다면 몹시 버겁다고 느낄 것이다. 그건 두 시간이 길어서 휴식이 필요하기 때문일 수도 있고 회의 후 처리해야 하는 항목이 항상 있기 때문일 수도 있다. 어느 쪽이든 끊임없는 회의와 쏟아지는 일 한가운데에 있더라도 일정을 계획할 시간을 반드시 사수해야 한다. 매주 계획을 위한 30분 정도의 시간을 확보하면 대단히 큰 이점을 누릴 수 있다.

내가 영업직 사원으로 일했을 때 이 시간을 활용해 월요일 아침은 전화 상담 준비를, 화요일부터 목요일까지는 주간 및 일회성 영업 상담을, 금요일은 정리와 피칭 후속 작업을 위한 시간으로 정해두려고 노력했다. 이 체계를 유지하니 나는 준비가 안 된 채로 면담에 나서거나 후속 작업에서 실수하는 일이 없었다.

⑤ 일일 주제 정하기

주간 리스트에서 언급했듯이, 한 주 동안 매일의 주제가 있다면 그것도 유용하게 활용할 수 있다.《허핑턴포스트》창립자 아리아나 허핑턴, 트위터 창립자 잭 도시, 스포티파이 최고경영자 다니엘 엑, 트리하우스 창립자 라이언 카슨과 같은 재계 지도자들은 모두 이 방법을 사용한다.

일일 주제를 정하면 한 가지 주제에 깊이 파고들 수 있어 과로나 '퍼즐 스케줄링(puzzle scheduling)'을 피할 수 있다. 퍼즐 스케줄링은 하루에 아주 많은 주제와 다양한 종류의 회의를 잡아 업무의 맥락이 여러 차례 바뀌는 것을 말한다. 대학 병원의 의사들은 월요일에 면담, 화요일에 수술, 금요일에 후속 조치 등 날마다 주제별로 일한다.《실험심리학 저널: 인간의 인식과 수행》에 실린 연구에 따르면, 정신적인 기어를 변경하면 시간과 에너지가 소모되고 수행의 효과가 떨어진다. 특히 중구난방으로 일한 날에는 누구나 이렇게 느낄 수 있다.

일일 주제를 정하면, 한 가지 주제에 대해 오래 생각했기 때문에 그 일에 더 심층적으로 파고들 수 있다. 프로젝트 회의를 한 후 일대일 대화를 하고 개인적인 업무를 처리하는 데 계속 같은 주제를 다룬다고 상상해 보라. 또한 관심을 쏟아야 할 주요 주제를 일주일에 최소 한 번은 반드시 확인할 수 있다. 만일 목요일을 행정 업무 및 밀린 이메일 확인의 날로 정하거나 큰 프로젝트의 비전을 세우는 날로 정한다면, 내가 그 업무를 일주일 이상 놓치는 일은 없을 것이다. 아울러 목요일이 다가온다는 것을 알기 때문에 월요일부터 수요일까지 행정 업무에 대해 스트레스를 받지 않을 것이다. 일요일엔 식자재 및 식사 준비, 월요일은 빨래, 화요일은 전반적인 집안일과 같이 개인적인 업무에 대한 주제를 설정할 수도 있다. 나는 매일의 업무 주제와 개인적인 주제를 설정해 두었다.

가끔씩은 계획이 전혀 없는 날을 보내는 게 좋다. 만약 '회의 없는 날'을 정할 수 있다면 그날을 꼭 확보하라. 회의가 전혀 없는 날은 오후 2시에 30분짜리 회의가 하나 있는 날과 전혀 다르다. 30분짜리 회의 하나만 있어도 그 회의에 30분

〈일반적 스케줄 vs. 주제별 스케줄〉

	대부분의 방식 (퍼즐 스케줄링)	추구해야 할 방식 (주제와 종류별로 묶기)
8시	팀 회의	아침 업무 및 브레인스토밍
9시	1:1 면담	
10시	아직 시작하지 않음	
11시	회의	
12시	점심 식사	점심 식사
1시	브레인스토밍	1:1 회의
2시	킥오프 회의 의사에게 전화하기	
3시	1:1 면담	
4시	타운홀 회의	포커스 타임 + 정리
5시	미팅	
6시	퇴근 저녁 식사	
7시	업무 독려 전화	

이상의 가치가 있는 것처럼 느껴진다. 하루가 그것을 중심으로 흘러가기 때문이다. 출근은 하지만 어떠한 시간 약속도 없는 날을 가끔씩 보내는 게 좋다. 이렇게 하면 해야 할 일과 언제 그것을 하고 싶은지에 대해 완전한 통제감을 느끼게 되고 당신의 자연스러운 업무 패턴으로 돌아가게 된다.

캘린더 120퍼센트 활용법

이제 우리는 중요한 일을 정확히 어디에 배치할지, 그날의 주제는 무엇인지를 파악해서 집중할 때와 그렇지 않을 때를 위한 공간을 만들었다. 이 템플릿은 한 주의 출발점이 되며 에너지와 집중력을 과업과 연결하게 해준다. 주간 리스트를 보고 뭔가 전략적인 일에 착수해서 끝내야겠다는 생각이 들면 당신은 이미 파워 아워를 어떻게 보낼지 대략적으로 그림을 그려놓은 상태라 할 수 있다.

누군가 고민이 있다며 커피 한 잔을 마시자고 요청하면, 당신은 이미 그렇게 하기에 딱 좋은, 에너지가 낮은 시간대를 알고 있다. 만일 템플릿이 없어서 상대방에게 "내 캘린더에서

되는 시간을 찾아보세요"라고 말한다면, 자칫 집중력이 가장 좋은 시간이나 직원회의 직후 휴식이 필요한 30분 동안에 커리어 상담을 해야 하는 상황이 벌어질 수도 있다.

> ⊘ 캘린더는 미래의 당신을 위한
> 가장 이상적이면서 기본이 되는 밑그림이다.

이 글을 읽고 이렇게 생각할 수 있다. '이상적인 스케줄을 만드는 건 좋지만, 내 캘린더를 모두 지우고 내일 다시 새롭게 시작할 수는 없어!' 혹은 '나는 내 스케줄을 이런 식으로 관리할 수가 없어. 회의가 갑자기 잡히거나 해야 할 일들이 생겨서 필요할 때면 언제든 시간을 내야 하는걸!' 또한 여러 사람들과 회의를 해야 해서 당신이 보호하는 시간대에 일정을 잡을 수밖에 없는 경우도 있다. 하지만 그런 회의를 수락하기 전에 충분한 정보를 가진 상태에서 결정을 내려야 한다. 즉 정확히 무엇을 포기해야 하는지 그리고 그것이 당신의 스케줄에 어떠한 파급효과를 일으킬지 미리 파악하는 것이다.

당신의 스케줄은 이상적인 템플릿과 100퍼센트 일치하지 않을 수 있지만, 템플릿이 아예 없다면 10퍼센트조차 일치하지 않을 것이다. 하루 이틀만 이상적인 템플릿과 일치한다 해도 더 자주 업타임에 있는 것처럼 느낄 것이다. 조정할 수 있는 회의를 옮기는 것부터 점진적으로 시작해 보자. 몇 개월 후에나 가능하다고 하더라도 에너지를 적게 필요로 하는 업무를 언제 처리할지 계획하거나 파워 아워를 위한 시간을 확보하는 것부터 서서히 시작해 보자. 그리고 점진적으로 그 패턴을 유지하려 노력하면서 에너지 수준이 높거나 낮은 시간을 제대로 사용할 때 어떤 기분인지 살펴보고 자연스러운 흐름을 따라가자. 최적의 시간에 업무를 수행할 때 혹은 한 가지 주제를 깊이 파고들기 위해 일일 주제를 설정할 때 일이 얼마나 더 잘되는지 경험하는 것에서 업타임은 시작된다. 다음은 나의 캘린더 템플릿이다.

매출 목표치를 미리 정해두지 않으면 목표치에 도달하는 게 어려운 것처럼, 이상적인 스케줄을 만들어두지 않으면 그 것을 달성하기 어렵다. 어떤 사람은 자신이 원하는 결과물을 얻지 못하는 이유를 알지 못한 채, 임팩트가 큰 과업들을 에너지 수준이 낮은 시간대에 계속 배분하는 잘못을 저지른다. 이러한 리듬을 아는 게 첫 단계지만 그것들을 위해 계획까지 세우면 우리의 한 주는 확연하게 달라질 것이다.

〈업타임을 적용한 캘린더 예시〉

	인력 관리	코칭	프로젝트 업무	행정 업무	이메일과 후속 작업
	월요일	화요일	수요일	목요일	금요일
8시	밀린 이메일 확인, 주요 리스트 업데이트, 포착 리스트 확인	파워 아워	회의 블록	회의 블록	파워 아워
9시					
10시	주간 리스트 및 월요일의 일일 리스트 만들기		큰 그림 프로젝트, 회의, 업무	에너지 낮은 시간 / 행정 업무	이메일 폴더 정리
11시					
12시	회의 블록: 팀원들과 1:1 회의			회의 블록	
1시					
2시	관리자가 주관하는 직원 회의	코칭 세션을 위한 회의 블록		회의 블록, 밀린 일 따라잡는 시간	회의 블록
3시					
	에너지 낮은 시간				
4시					비워두기
5시	내일의 일일 리스트 만들기	내일의 일일 리스트 만들기	내일의 일일 리스트 만들기	내일의 일일 리스트 만들기	
6시					

업타임 실천 전략

- 아무것도 적혀 있지 않은 일주일 치 캘린더를 출력해서 브레인스토밍을 하며 제로베이스로 스케줄을 짠다.
- 옮길 수 없는 일들, 당신의 파워 아워와 오프 피크 아워, 일정을 계획하는 시간을 대략적으로 정한다.
- 하루 혹은 반나절, 혹은 주당 이틀이라도 일일 주제를 정해보고 지키려고 노력한다.
- 어떻게 하면 당신의 현재 스케줄을 이 방법에 맞게 현실적으로 조정할 수 있는지 살펴본다. 조정하는 과정에는 시간이 걸리므로 서서히 늘려간다.

Chapter 07

시간 통계:
정확히 몇 시간을 사용하는가?

구글에서 15년간 일한 임원 미셸을 코칭했을 때의 일이다. 그는 동시에 여러 역할을 해내야 했고 전 세계에 분산되어 있는 여러 팀과 일했다. 그는 '큰 목표를 세우기 위한 시간'과 '생각할 시간'을 캘린더에 넣고 싶다며 내게 도움을 청했다. 나는 가장 먼저 비서팀과 함께 그의 시간을 검토했다. 일회성이 아닌 반복되는 임무를 모두 리스트로 정리한 후, 주당 평균 몇 시간을 그 일들에 쓰고 있는지에 따라 캘린더를 분류했다. 이렇게 정리된 일정을 보고 그가 드러낸 반응을 아마 평생 잊지 못할 것이다. 그는 리스트를 보면서 충격을 받았다가 나중에는 신나하기까지 했다.

"그 회의에 참석하고 있었다는 걸 완전히 잊었네요! 그 일정은 취소할 수 있어요. 옛 팀을 위해 그 위원회에 속해 있었지만 이젠 더 이상 의미가 없거든요. 그리고 내가 다른 부하 직원 셋을 만난 시간보다 더 긴 시간을 이 사람과 보냈다고요? 이제 이 회의도 1시간에서 30분으로 줄입시다. 이 사람은 더 이상 내 일과 무관하니 매달 말고 분기별로 만나도록 하죠"와 같은 말을 그가 쏟아내는 동안 비서는 그의 곁에서 부지런히 받아 적었다.

마치 자녀들이 둥지를 떠난 지 수년 후에야 옷장이나 다락방을 정리하는 것처럼 수년간 쌓아온 의미 없는 회의와 위원회 활동, 근황 파악을 위한 면담이 사라졌다. 마침내 온갖 종류의 빈 공간이 생겼고, 다른 일들을 새롭게 배치할 준비가 되었다.

이상적인 템플릿을 백분 활용하기 위해서는 우리의 시간이 실제로 어떻게 할당되고 있는지 구체적으로 살펴봐야 한다. 흔히 "나는 이 사람을 격주로 만나" 혹은 "나는 매주 이

모임에 참석해"라고 말하곤 한다. 하지만 당신은 이러한 활동에 정확히 몇 시간을 사용하는지 아는가? 투입되는 시간으로 볼 때, 그런 활동이 다른 회의나 임무와 맞먹는다는 걸 아는가? 이와 관련된 데이터를 얻어 하나로 정리하기 전까지 모든 건 막연한 추측에 불과하다. 시간을 통계 내어 모든 걸 정리해 보면 당신이 시간을 어떻게 쓰는지 완전히 새롭고 명료하게 알 수 있다.

⊘ 하루를 수동적으로 살지 말고

적극적으로 주도하며 살아라.

통계 항목 정하기

대체로 참석해야 하는 회의의 수, 회의에 소요되는 시간별로 통계를 낼 수도 있지만 꼭 그렇게 해야만 하는 것은 아니다. 우선 사항에 따라 캘린더를 분석하기 위한 관점을 소개한다.

① 혼자 집중하는 일 vs. 협업

홀로 집중해서 처리하는 일과 다른 사람과 함께하는 일에 몇 시간씩 사용하고 있는가? 당신의 업무를 고려할 때 그 비율이 적절한가?

② 주도적인 일 vs. 수동적인 일

당신이 주도적으로 참여해 완수하려는 일과 수동적으로 관여하는 일은 각각 몇 퍼센트나 되는가?

③ 개인 시간 vs. 업무 시간

당신의 업무가 개인 시간을 '침투'하고 있는가? 아니면 그 반대인가? 특히 프리랜서라 여기저기서 다양한 일을 하거나 정해진 시간 없이 일한다면, 실제로 일하는 시간을 합산했을 때 어느 정도 되는지, 당신이 원하는 균형을 이루고 있는지 아는 게 도움이 된다.

④ 숨은 업무들

캘린더에 표시되지 않았지만 당신의 시간을 모두 가져가 버리는 숨은 업무들로 허덕이고 있지는 않은가? 할 일이 많은데 자료에 잘 드러나지 않는다면, 그런 일들을 모조리 리스트로 정리해서 당신이 실제로 얼마만큼의 시간을 쓰는지 확인한 다음 무엇을 없앨 수 있는지 살펴봐야 한다.

⑤ 반복되는 회의

더 이상 참석할 이유가 없는 회의에 여전히 참석하며 틀에서 벗어나지 못하고 있는가? 당신이 참석 여부를 결정할 권한이 있다면 반복되는 그 회의부터 제거하는 것이 꼭 필요하지 않은 일들을 정리하는 가장 쉬운 방법이다. 스트리밍 서비스 구독과 아주 흡사하게, 우리는 반복되는 회의를 너무도 당연하게 이어간다. 적극적으로 취소하지 않고서는 영영 벗어날 수 없다.

> ✓ 목적을 달성한 후에도 계속 반복해서 열리는
> 캘린더에서 사라지지 않는 회의를 주의하라.

반복되는 회의에 얼마나 많은 시간을 쏟고 있는지 살펴보기 위해 데이터를 수집해 보자. 임원이 아니라면 어떤 회의를 얼마나 오랫동안, 정기적으로 참석할지 결정할 권한이 적을 수도 있다. 하지만 시간을 통계 내보는 것만으로도 시간 관리를 하는 데에 큰 도움이 된다. 분류해서 보면 시간을 어떻게 사용하고 있는지 파악할 수 있어 통제감이 강화되기 때문이다. 시간 통계를 내는 순서는 다음과 같다.

- 정기적으로 참석하는 모든 회의(혹은 위원회) 리스트를 한곳에 모은다.
- 월별 기준으로 그 회의나 위원회에 실제로 몇 시간 사용하고 있는지 표시한다. 두 시간짜리 주간 회의는 30분짜리 주간 회의와 완전히 다르다. 둘 다 '주간'으로 분류되지만, 총 소요 시간이나 주당 평균 시간으로 색인을 달아두면 시간을 어디다 쓰는지 파악하는 데 도움이 될 수 있다.
- 특정 기간 동안 그 회의나 위원회에 사용한 총 소요 시간을 계산한다. 나는 분기별로 하는 걸 좋아하지만 어떤 사람에게는 연례도 효과적일 수 있다.
- 가장 많은 시간을 어디에 사용하는지, 활동 리스트의 순위는 어떻게 매겨졌는지 보기 위해 총 소요 시간을 살펴본다.
- 분기별 최대 소요 시간부터 최소 소요 시간까지 순서대로 나열해 보고 어떻게 개선할 수 있을지를 생각해 본다.

〈시간 통계의 예시〉

	A	B	C	D	E	F	G
1	업무 종류	추정 빈도	회의당 소요 시간	분기당 회의 횟수	분기당 시수	주당 평균 소요 시간	변경 후 확인: 잘 유지되는가? 아니면 다시 돌아갔는가?
2	회의 주도	매주	120	13	1560	120	유지
3	가우릭 1:1	3주에 한 번	25	39	975	75	유지
4	운영위원회	매주	60	13	780	60	관련 있는 안건이면 참석
5	나오미 1:1	매주	60	13	780	60	30분으로 줄임
6	말릭 1:1	주 2회	25	26	650	50	주당 1회로 변경
7	LATAM 체크인	매주	45	13	585	45	유지
8	제품 검토	매주	45	13	585	45	사전에 읽을 자료가 없다면 취소
9	GAPP+ 속도	격주	60	7	420	32	45분으로 줄임

미셸과의 만남 후 수개월이 지나 후속 코칭 시간을 잡았
을 때 그는 매우 들떠 있었다. 여기저기 열리는 회의의 빈도

를 줄이고, 어떤 회의는 시간을 15분씩 줄이고, 더 이상 중요하지 않은 회의들을 없애자 한 주에 약 세 시간을 벌 수 있었다. 처음에 그녀가 1분이라도 벌기 위해 나를 찾아왔을 때를 생각하면 세 시간은 굉장히 큰 시간이다. 중요한 건 우리가 '명백하게 줄여야 한다'고 느껴지는 것들을 줄였다는 점이다. 직접 리스트를 보며 총 소요 시간을 토대로 결정을 내렸다. 나는 그저 그에게 직접 바꿀 수 있는 데이터를 주었을 뿐인데 이제 생각하고 비전을 세울 수 있는 시간이 일주일에 세 시간이나 생겼다. 이 30분짜리 훈련으로 일 년에 약 150시간의 추가 시간이 생긴 것이다.

어떤 사람들은 통계 결과를 보고도 실천하길 주저한다. '존과의 면담을 매주에서 매월로 옮겨서 존이 나와 충분히 자주 만나고 있지 않다고 느끼면 어떡하지?' 스케줄상의 이러한 변화는 언제든 바뀔 수 있다. 일단 3개월의 시험 기간을 두고 시도해 보자. 만일 그 위원회를 포기했지만 자원봉사가 그립다면 다시 가입하면 된다. 당신과 존이 충분히 자주 만나지 않아서 이메일을 너무 많이 주고받게 되었다면 격주로 만나면 된다. 하지만 새로운 시도를 전혀 해보지 않으면 적절한 간격을 절대 알 수 없다.

시간 평가

한 주를 전력투구하며 보내지만, 정작 그 시간을 잘 사용했는지는 되돌아보지 않는다. 시간 통계가 너무 버겁게 느껴지면 좀 더 간단하게 '과거 돌아보기, 미래 내다보기'라는 주간 성찰 훈련을 해도 좋다. 이 훈련을 많이 할수록 우리가 시간을 쓸 때 어디서 가치를 찾는지 더 쉽게 예측할 수 있다. 나는 이 훈련을 일요일 밤에 주간 리스트를 작성하면서 하길 좋아한다. 당신은 어떤가? 아래의 질문에 답해보자.

① 과거 돌아보기

- 지난주에 어떤 회의나 활동에 시간을 잘 사용했으며 그 이유는 무엇인가?
- 지난주에 어떤 회의나 활동에 시간을 잘 사용하지 못했으며 그 이유는 무엇인가?
- 지난주에 더 많은 시간을 사용했으면 하는 회의나 활동이 있는가?
- 지난주에 세 번 이상 반복된 회의나 활동이 있는가? 여전히 그 일을 위한 시간이 더 필요한가?
- 리스트 깔때기 어딘가에 적지 않았지만 스케줄상 후속 작업 항목이

있는 회의나 활동이 있는가?

② 미래 내다보기
– 다음 주 스케줄에 있지만 시간을 잘 사용하지 못하는 회의나 활동이

있는가? 이를 바꿀 방법은 없는가?

– 미래의 내가 에너지 수준이 낮을 것으로 예상되는 때가 다음 주 스케

줄에 있는가?

– 큰 의미가 없는 회의나 활동이 스케줄에 있는가?

이러한 단순한 질문들로 스케줄을 점검하면 시간을 잘 사용하는 일과 그렇지 못한 일을 파악하고 문제점을 개선하는 데 도움이 된다. 이 훈련을 하면 할수록 시간을 잘 보내는 법에 대한 인식은 더 또렷해진다.

정기적으로 시간을 검토하라

시간을 어떻게 쓰는지 빠르고 간단하게 살펴보길 원한다면, 그냥 1년이나 한 분기처럼 기간을 택해서 당신의 3대 우

선 사항이나 가장 많이 하는 활동에 각각 얼마만큼의 시간을 쓰고 있는지 대략적으로 추적해서 원그래프를 작성하는 것도 방법이다. 시간을 검토할 때는 어떤 데이터라도 좋은 데이터다. 당신의 현재 상태와 무언가에 시간을 더 혹은 덜 쓴다면 발생할 변화를 파악하는 데 유용하다.

알파벳(Alphabet)의 최고경영자인 순다르 피차이는 몇 개월마다 시간 검토를 한다. 그는 회사 안에서 어느 부문에 얼마만큼의 시간을 쓰고 싶은지 명확하게 파악하고 있다. 한두 달마다 캘린더를 검토하고 그 부분에 그만큼의 시간을 들이고 있는지를 파악한다. 이것을 반복하기 때문에 그는 그가 정한 시간 사용법에서 크게 벗어나는 일이 거의 없다.

시간 검토는 옷장을 훑어보는 것과 같다. 더 이상 맞지 않거나 유행에 뒤처진 옷 혹은 절대 입지 않는 옷들을 없애버리면 시원하다. 그렇게 하면 '이미 소유하고 있었기 때문에 남겨두어야 한다'는 단순한 이유로 그냥 갖고 있는 소유 효과를 없앨 수 있다. 그러고 나면 당신이 정말 좋아하는 옷이 무엇인지 명확히 파악해서 그것에 집중할 수 있다. 제로베이스 사고방식으로 당신의 캘린더에 대해 이렇게 물을 수 있다. '나는 정말 오늘부터 이 사람과 한 시간짜리 주간 회의를 잡

을 것인가? 오늘 자원봉사 위원회에 가입하라는 이메일을 받았다면 그래도 가입할 것인가?'

시간 검토는 당신의 시간을 부당하게 많이 차지하는 일들을 없애주는 값진 도구다. 이렇게 시간과 노력을 잘 관리한다 해도 간혹 우리는 정해놓은 시간에 일을 하지 않는다. 때론 미루고, 다시 또 미룬다. 누구나 한두 번은 미루고 싶은 본능에 무릎 꿇는다. 다음 장에서 이 나쁜 습관을 극복하는 쉬운 방법과 애초에 미루는 일이 벌어지기 전에 방지하는 방법을 알아보자.

업타임 실천 전략

- 시간을 어떻게 사용하고 있는지 파악하기 위해 시간 검토를 실시한다.
- 30여 분 동안 검토하고 총 사용 시간이나 주당 평균 시간을 살펴본다.
- 검토 결과를 토대로 소소한 것이라도 변화를 제안하고 실행한다.
- 일정 시간이 흐른 뒤 다시 확인하고, 올바른 결정이었는지 자문한다. 결과에 따라 변경한다.

Chapter 08

미루기는 감정 때문이다

누구에게나 이 날에서 저 날로, 이 주에서 저 주로 계속 미루게 되는 사라지지 않는 항목이 있다. 아무리 계획을 잘 짜도 같은 일을 반복해서 추가할 뿐 완수하지 못한다. 예컨대 당신이 최근에 알게 된 업무 팁을 한눈에 파악할 수 있도록 정리하기로 했거나 혹은 완벽하게 숙달한 무언가를 다른 사람에게 가르쳐주고 싶어서 새로운 교육 자료를 만들기로 했다고 치자. 일일 리스트와 주간 리스트에서 계속 이월시키고 그 일을 위한 시간까지 설정해 두었지만 어떤 이유에서인지 완수하지 못한다. 익숙한 이야기 아닌가? 그래도 너무 자책하지 말자. 누구나 겪는 일이다. 희소식은 미루는 일이 애초에 발생하지 못하게 막는 전술과 전략이 있다는 것이다.

끊임없이 강조하지만 하루의 모든 시간이 다 똑같지는 않다. 매일 2시 30분부터 3시 30분 사이에 새로운 교육 자료를 만들기로 정했지만 하필 그 시간대가 하루 중 에너지 수준이 가장 낮은 때라면, 그 일을 하지 않거나 잘 해내지 못하기로 작정한 거나 다름없다. 일을 하려고 앉았는데 애써 물살을 거슬러 올라가는 느낌이라면 적절한 때가 아니다.

리스트에서 사라지지 않고 계속 남아 있는 항목들을 보고 이렇게 자문해 보자. '이 일을 하기에 이상적인 시간 혹은 기분은 언제일까? 파워 아워일까? 아니면 오프 피크 아워일까?' 아이들이 잠자리에 든 후 에너지를 많이 써야 하는 일을 하기로 계획을 세울 때마다 나는 그럴 기분이 아니어서 하고 싶지 않았다. 늦은 저녁에 에너지 포인트가 충분히 남아 있지 않아 뇌가 어려운 일을 수행할 수 없었다. 이제 그걸 파악했으니 더 이상 그 시간대에 일정을 잡지 않고 하루 중 다른 시간대로 배정한다. 그 일을 신나게 할 미래의 당신에게 위임하는 것이 가장 좋은 방법이다.

> ⊘ 미루기를 미연에 방지하는 최선의 방법은
> 반드시 적시에 적합한 일을 배정하는 것이다.

일일 주제를 여기서 유용하게 활용할 수 있다. 주제가 있으면 뇌가 특정 시간에 특정한 일들을 확인하는 데 익숙해져서 '오늘 무슨 일을 해야 하지?' 하고 궁금해할 틈이 없다. 요일별로 주제를 설정하면 일주일에 최소 한 번은 그 일을 확인하고, 같은 주제에 해당되는 더 많은 일을 할 수 있는 최적의 마음가짐을 갖게 된다. 새로운 교육 자료를 만드는 일을 완수하고 싶다면 그 주제와 맞는 기분이 드는 날로 일정을 정한다. 가령 '행정 업무일'이나 '신규 고객을 유치하기 위한 전화 영업일'에 새로운 교육 자료를 만들려고 한다면 그 일로 전환하기 어려울 가능성이 높다. 교육 자료의 내용과 관련된 주제의 일을 하는 날에 그 주제에 관해 한두 차례 회의를 하고 그 주제에 관한 이메일에 답장을 한 후라면, 교육 자료를 만들기에 훨씬 더 적합한 기분이 들 것이다.

일을 미루는 일곱 가지 이유

일을 미루는 이유를 파악하려면 왜 그 일을 피하게 되는 지부터 정확히 알아야 한다. '버겁다', '어디서부터 시작해야 할지 모르겠다', '일을 진행하기 위해 다른 정보가 더 필요하다', '오래 걸릴 것 같다'와 같은 답이 있을 수 있다. 『START, 시작하라!』의 저자 티모시 파이카일은 우리가 일을 미룰 가능성을 높이는 과업의 일곱 가지 특징이 있다고 말한다.

- 지루하다
- 좌절하게 한다
- 어렵다
- 모호하다
- 체계가 없다
- 내재된 보상이 없다(재미없다)
- 의미가 없다

미루는 이유를 정확하게 알고 있다면 그 일을 해낼 방법도 정확히 알 수 있다. 문제의 프레임을 재설정하는 것이다.

어떤 일이든 이러한 특성 한두 가지는 있기 마련이다. 세금 내는 일이 지루하고, 복잡하고, 당신에게 아무 의미도 없다면 텔레비전을 보면서 필요한 서류를 정리하거나, 세무사를 고용하거나, 환급금으로 무엇을 할지 신나게 계획을 세울 수도 있다. 이러한 변화만으로도 일에 대해 완전히 다른 감정을 느낄 수 있다.

〈미루기를 극복하는 법〉

과업	미루게 되는 특성	극복하는 방법
월별 경비 처리	지루하다	텔레비전을 보면서 한다
세금	좌절하게 한다	세무사의 도움을 받는다
책 집필	어렵다	책 쓰는 일의 첫 단계를 조사한다
팀의 다음 해 준비	모호하다	준비했을 때 얻은 세 가지 결과가 무엇인지 적고 우선 하나에 집중한다
마당 가꾸기	체계가 없다	좋아하는 마당의 사진을 찾아보고 좋은 이유를 파악한다 → 그걸 실시한다
피아노 배우기	내재적 보상이 없다	의욕을 끌어올리기 위해 동영상을 보고 좋아하는 곡부터 먼저 배운다
보험금 받기 위해 서류 제출하기	의미가 없다	보험금을 받았을 때 무엇을 할지 즐거운 계획을 짠다

미루기를 이겨내는 다섯 가지 방법

일을 미루는 습관을 극복하려면 그 이유를 파악해야 하지만, 당신에게 항상 시간이 충분한 것은 아니다. 게다가 때로는 딱히 이유 없이 그냥 미루기도 한다. 그런 일들을 처리하기 위한 간단한 방법이 있다. 다음은 미루려는 마음이 생길 때 재빨리 이겨내는 손쉬운 방법이다.

① 단계를 쪼갠다

더러 과업의 규모가 버겁게 느껴질 때가 있다. 가장 어려운 부분은 '시작'이라는 허들을 넘는 것이다. 예를 들어 매일 뛰는 게 나의 목표인데 내일 아침 6시에 일어나 5킬로미터를 뛰려고 하면 너무 버겁게 느껴진다. 그럴 때 나는 그 일을 작게 쪼갠다. 일명 '스위스 치즈처럼 구멍 뚫기'이다.

과업에 계속 구멍을 뚫어 큰일을 점차 작게 만드는 방법이다. 당신의 뇌가 '이제 좀 괜찮군' 하고 느낄 때까지, 시작하기에 별로 부담스럽지 않게 느껴질 만큼 충분히 작은 지점을 찾는다.

- 내일 아침에 3킬로미터를 뛸까? → 여전히 버겁다.

- 1.5킬로미터만 뛸까? → 여전히 신나지 않다.

- 6시에 일어나서 산책을 할까? → 차라리 더 자겠다.

- 내일 아침에 일어나서 운동화를 신을까? → 그게 전부라면 당연히 할 수 있다!

뇌가 괜찮다고 느낄 정도로 과업을 계속 줄여나감으로써 정신적인 허들을 낮췄다. 알람을 설정하고, 일찍 일어나 옷을 입고 운동화를 신는다면, 나는 다시 침대에 들어가지는 않을 것이다. 심지어 '좋아, 산책을 가야지, 이미 운동화를 신었잖아' 하고 생각할 수도 있다. 일단 걷고 있으면 조깅도 할 수 있고, 일단 조깅을 하면 1.5킬로미터를 뛸 수도 있다. 처음부터 5킬로미터를 뛰는 걸 목표로 삼았다면 침대에서 일어나지도 않았을 것이다.

미뤄온 교육 자료를 만들기로 했다면 '새로운 교육 자료 만들기' 목표를 '문서를 열고 제목 슬라이드 작성하기'로 슬쩍 바꿔보자. 제목 슬라이드 만들기는 쉽고 재미있다. 고작 슬라이드 한 장이지 않은가! 제목에 대해 브레인스토밍하는 건 창의적이고 흥미로운 일이다. 일단 문서를 열면 본문 슬라이드의 초안도 일부 손댈지 모른다.

② 자신의 비서가 된다

시작이 가장 어렵다. 뭔가를 하도록 뇌를 달래는 한 가지 방법은 '그 일을 준비하기'와 실제로 '그 일을 하기'를 분리한 뒤, 준비하는 일부터 시작하는 것이다. 이렇게 하면 미루기 장벽을 무너뜨리는 데 도움이 된다.

예를 들어 나는 예전부터 마당 탁자의 중앙에 놓인 목재 화분을 하얀 페인트로 칠하고 싶었다. 하루에도 몇 번씩 그 옆을 지나치면서도 마음먹은 일을 시작조차 못하니 계속 신경에 거슬렸다. 도대체 왜 하지 않을까? 드디어 어느 날 커피 한 잔을 들고 탁자 앞으로 가 이렇게 생각했다. '만일 내가 누군가의 비서인데 내일 상사가 이 일을 처리하길 바란다면, 상사가 그 일을 하도록 어떻게 부드럽게 유도할 수 있을까?' 그래서 나는 창고로 가서 페인트와 붓과 수건을 가져와 화분 옆에 두었다. 그게 전부였다. 그러고 나서 집으로 들어가 버렸다. 다음 날 마당에 나가면, '아, 페인트가 이미 준비돼 있네, 어서 페인트칠을 하는 게 낫겠어' 하는 생각이 들지 않을까? 그리고 이 방법은 마법처럼 통했다.

교육 자료를 만드는 사례에 다시 적용하면 일에 착수해서 슬라이드 파일을 열고, 관련된 재미있는 클립아트 탭을 열어두고, 유사한 교육 자료를 찾아놓은 다음 컴퓨터를 끄는 것이다. 다음 날 아침 나는 이미 교육 자료 작성을 쉽게 시작할 수 있는 길을 닦아놓은 상태다.

이제 나는 나의 비서가 되는 이 전략을 일터와 가정 등 온갖 종류의 일에 이용한다. 아침에 머핀을 만들고 싶으면 전날 밤 머핀 틀과 일부 재료를 준비해 둔 채 잠자리에 든다. 실제로 머핀을 만드는 일에 대한 생각은 잊는다. 생각해 봤자 발목만 잡는다. 대신 나 자신을 비서로 고용해 미래에 그 일을 쉽게 해낼 수 있는 환경을 조성한다.

③ 중간에 멈춘다

한 번에 끝낼 수 없을 정도로 규모가 크고 오래 지속되는 일을 맡았다면, 많은 사람은 보통 이메일의 끝이나 프로젝트 한 단락의 끝처럼 자연스럽게 멈추는 지점을 찾게 된다. 대개 그 지점에서 멈추고 다음에 새로운 단락을 시작할 때까지 놔둔다. 아이러니하게도 이렇게 하면 당신의 뇌가 극복해야 할 또 다른 시작점이 생긴다. 이것은 마치 거대한 과업을 전부

다시 시작하는 것과 같다. 반면 마무리 짓지 않고 일의 중간에서 멈추면 하고 있었던 일로 자연스럽게 되돌아가 다시 시작하기가 더 훨씬 수월하다. 다음에 무엇을 하려고 했는지 이미 알고 있기 때문이다.

가령 이 책을 집필하면서 나는 장이 끝나는 지점에서 일을 멈추지 않으려고 애썼다. 왜냐하면 그렇게 하면 다음 집필 시간에 완전히 새로운 장부터 시작해야 하기 때문이다. 그러는 대신 나는 항상 장의 중간에서 멈추거나 적어도 다음 장을 위한 제목과 개요 노트가 있는 상태에서 다음 집필을 시작했다. 덕분에 다시 시작하고 흐름을 되찾기가 쉬웠다.

당신의 뇌가 다음에 무슨 일을 할지 이미 알고 있는 지점에서 멈춰라. 이메일을 다 작성해서 보낼 시간이 없다 해도 초안을 써두면 다시 시작할 때 일의 흐름을 쉽게 찾을 수 있다. 그러다 보면 하다가 만 일에 대해 곰곰이 생각할 수도 있고, 전에 생각하지 못한 새로운 아이디어나 추가해야 할 내용을 떠올릴 수도 있다.

④ 소요 시간을 적는다

자신을 설득하려면 실제로 완수하는 데 걸리는 시간에

대한 착각을 없애야 한다. 일을 해보니 시간이 정말 적게 들어 리스트에서 바로 지워버린 적이 있는가? 이것이 바로 내가 일일 리스트에 '아주 소소한 일' 목록을 넣는 이유다. 이렇게 하면 뇌가 작업 시간을 바로 파악해서 5분에서 10분 걸리는 일을 피하지 않고 완수하도록 이끌기 때문이다. 리스트에 뭔가를 할 때 걸릴 거라 예상되는 시간을 적어보자.

- 룸메이트 구인 글 초안 작성(7분)
- 영업 교육 끝내기(22분)
- 어제 나온 업계 기사 읽기(9분)

구체적인 소요 시간을 정하면 그 정도의 시간이 있을 때 그 일을 피할 가능성이 줄어든다. 30분의 자유 시간이 생겼다면 정말 내키지 않는 일이라 해도 그 시간 동안 그것을 할 수 있다는 걸 '알기 때문에' 외면하기가 더 어려워진다.

일을 잘 해내기 위해서는 과업의 소요 시간을 제대로 추정하는 능력이 중요하다. 그래야 일에 대해 좀 더 효과적으로 시간 배분을 할 수 있기 때문이다. 계획을 세우는 능력을 향상시키기 위해 각 일들의 소요 시간을 의식적으로 파악하는 습관을 들이면 좋다.

특정한 과업을 수행하는 데 얼마나 걸리는지 확실하게 파악해서 그 시간을 비교 단위로 사용하면 시간을 계량화하고 통제하는 데도 도움이 된다. 당신이 가장 두려워하는 일부터 측정해 보는 것도 방법이다. 내가 가장 싫어하는 두 가지 가사 노동은 식기세척기를 비우는 일과 부엌을 청소하는 일이다. 나는 항상 그 일들을 피하고 싶다. 그래서 하루는 식기세척기를 비우는 동안 타이머를 설정해 두었다. 타이머를 끄고 확인해 보니 4분이 걸렸다. 고작 4분이었다. 아마 그 일을 얼마나 싫어하는지 생각하는 데 적어도 4분 이상은 썼을 것이다.

이 사실을 새로 알게 된 후 나는 아침 루틴을 바꿨다. 이제 예전보다 4분 일찍 아래층에 내려간다. 식기세척기를 비우면서 하루를 시작한다. 아침 루틴에 겨우 4분이 더해졌을 뿐이지만 나는 그 일을 계량화해서 그로 인한 스트레스를 완전히 없애버렸다. 이렇게 마음가짐을 바꾼 후 나는 아래층 마루를 전부 닦는 데 걸리는 시간을 측정하기로 했다. 8분 걸렸다. 겨우 8분이었다. 그 후로 나는 마루 청소를 하기 위해 주간 일정에서 8분을 끼워 넣을 틈을 찾기 시작했다. 파스타를 할 때 면이 익기까지 8분이 걸리니 이 시간이 마루를 닦기에 안성맞춤이라는 생각이 들었다. 한번은 남편에게 10분 후에 출발하자는 말을 듣고 '10분이라니, 마루를 닦기에 딱이다'라고 생각한 적도 있다. 이제 나에게 이 일은 게임이 되었다. 내가 두려워하고 피했던 두 가지 일에 대한 태도가 완전히 달라졌다.

⑤ 회의를 잡는다

보통 우리는 자기 자신과의 약속보다 타인과의 약속에 더 큰 책임을 느낀다. 이것이 사람들이 운동 메이트를 찾거나 책을 읽기 위해 독서 클럽에 가입하는 이유다. 나만 알고 있는 기한을 정하면, 다른 누군가와 함께 정했을 때보다 기한을 어길 가능성이 더 높다. 만일 스스로 정한 기한이 있을 때 이와 관련한 회의를 잡으면, 동료와의 약속이라는 압박을 이용해서 일을 완수할 수 있다.

예를 들어 새로운 교육 자료를 만들기로 했다면, 그 일을 시작하기 전에 일의 마감일쯤에 누군가를 초대해 회의를 하면 된다. "도미닉, 내가 만드는 새로운 교육 자료에 대해 의견을 듣고 싶은데, 매달 이 시점에 30분간 만나요. 검토할 수 있도록 회의 이틀 전에 자료를 보낼게요!"교육 자료를 작성하기 시작했는가? 아니다. 하지만 이제 이 회의가 캘린더에 표시되어 있으니, 그리고 도미닉이 이 제안을 수락해서 회의를 기다리고 있으니 나는 제때에 이 일을 완수해서 그에게 자료를 보낼 가능성이 훨씬 더 커졌다. 이렇게 하면 일이 좀 더 현실감 있게 다가온다. 그 일을 반드시 끝내게 만드는 최선의 방법 가운데 하나다.

일을 해결하지 않고 계속 미룬다면 불안과 우울함을 느끼고 매사에 의욕이 떨어지며 감당할 수 없는 스트레스에 시달리게 시달리기도 한다. 몸과 마음의 건강에 모두 나쁜 영향을 끼치는 셈이다.

당신이 일을 미루는 이유를 파악하면 미루기를 극복할 수 있다. 미루기에는 특히 감정적인 이유가 얽혀 있는 경우가 많다. 어떻게든 해야 한다고 생각하면 일을 미루는 근본적인 원인을 해결하기보다는 오히려 하고 싶지 않은 감정을 증폭시킬 뿐이다. 자신을 다그치는 대신 과업을 피하고 싶은 근본적인 원인에 집중한다면 미루기의 악순환을 극복할 수 있을 것이다.

업타임 실천 전략

- 계속 미뤄온 일을 찾는다. 이 일을 하기에 언제가 최적의 시간인지, 어느 날의 주제에 속하는지 생각하고 그 일을 하기 위한 일정을 잡는다.
- 일을 미루는 일곱 가지 이유 가운데 어디에 해당되는지 파악하고 그 특성을 해소하고자 노력한다.
- 그 일을 나누어 최대한 작은 과업으로 만들고, 완수하는 데 드는 추정 시간을 포함해서 해야 할 일 목록에 적어둔다.
- 미래의 당신을 위한 비서로서 당신 자신을 고용하고, 일을 완수하게 만드는 환경을 조성한다.
- 일을 시작하기 전에 그 일에 관해 다른 사람과 회의를 잡아 일의 결과를 검토하고 일에 대한 책임감을 강화한다.
- 당신이 싫어하는 일을 찾아 그 일을 하는 데 걸리는 시간을 잰다. 새로 알게 된 그 시간 정보를 이용해 회피를 멈추고 하루 일과 중 적절한 틈을 찾아 끼워 넣는다.

Chapter 09

일을 자동화하는
조건-반응 루틴

사람들은 루틴을 아주 좋아한다. 한 달에 한 번 심야 영화를 보러 가든, 주마다 좋아하는 메뉴로 식사를 하든, 매일 밤 자기 전에 명상을 하든 루틴은 삶에 리듬을 만든다. 그리고 이 리듬을 백분 활용한다면 우리는 쉽게 좋은 습관을 만들 수 있다.

많은 사람이 습관과 루틴의 의미를 정확히 알지 못하고 혼용해서 쓰는데 습관과 루틴에는 큰 차이가 있다. 습관은 의식적 혹은 무의식적으로 반복하는 모든 행동을 포함한다. 2006년에 실시한 듀크대학교 연구에 따르면 우리가 매일 하는 행동의 대략 45퍼센트가 습관이라고 한다. 루틴은 의식적인 계획과 행동을 뜻한다. 그래서 루틴은 의도적인 행동이다. 좋은 습관을 형성하려면 동기가 필요한데 루틴을 활용한다면 우리의 의도에 따라 행동이 자연스럽게 흘러가도록 설계할 수 있다.

매일 저녁 식사를 만들어야 한다는 생각으로 한 주를 시작하면 버겁게 느껴지고 어디서부터 손을 대야 할지 막막하다. 하지만 고기 없는 월요일, 파스타 먹는 화요일, 수프 먹는 수요일, 새로운 레시피를 시도하는 목요일, 테이크아웃으로 해결하는 금요일 등 매일의 주제를 정하면 저녁을 준비하는 일이 훨씬 가볍게 느껴진다. 역설적이게도 활동의 범위를 좁혀놓으면 무엇을 할지 파악하는 데 도움이 되는 체계가 생기는 것이다.

물론 이 체계를 항상 고수할 필요는 없다. 어느 수요일에 요리가 하고 싶지 않으면 테이크아웃 음식을 주문해도 된다. 아니면 유난히 바쁜 하루를 보내는 바람에 목요일이여도 새로운 레시피를 시도할 기력이 없을 수 있다. 어느 정도만 실행해도 저녁 식사를 맡은 주가 훨씬 가볍게 느껴질 것이다. 루틴은 일과 삶에 새로운 활력을 불어넣는다. 매일의 주제를 정하면 한 주의 흐름이 생기고 매일의 흐름이 만들어진다.

만약 새로운 스케줄을 끼워 넣고 싶을 때는 어떻게 해야 할까? 새로운 악기 배우기를 스케줄에 끼워 넣고 싶을 때 마음대로 시간을 고르지 말고 악기를 배울 수 있는 여유를 쉽게 찾도록 도와줄 루틴을 만들면 된다. 나는 이러한 유형의 루틴을 '조건(When)-반응(Then) 연결고리'라고 부른다. 이 루틴은 새로운 행동을 형성하기 위해 그것을 실제로 하게 만드는 계기를 만들어 준다. 이 계기는 평생 '하려고 마음만 먹은 일'을 실제로 해낼 수 있게 도와준다.

> ⊘ 일을 제때 끝내지 못하는 가장 큰 이유는
>
> 실제로 어떤 일을 언제 할지 모르는 채
>
> 할 일 목록에 올리기 때문이다.

많은 사람은 새로운 일을 '언젠가' 하게 되리라고 기대하지만, 사실 그런 일은 발생하지 않는다. '정말 …하고 싶다' 혹은 '정말 …하려고 했는데'와 같은 태도로 바뀌고 만다. 그런 일들을 위해서는 조건(when)을 정하는 게 가장 중요하다. 특히 그 일이 주요 리스트에서 결코 사라지지 않고 계속 남아 있다면 말이다.

예를 들어 피아노 배우기를 스케줄에 끼워 넣고 싶을 때 피아노를 배울 수 있는 여유를 찾기 위한 루틴을 만들면 된다. 피아노로 새로운 곡을 연주하고 싶다는 마음이 커져갈 무렵이었다. 20년간 피아노를 쳐서 따로 강습을 듣지 않아도 새로운 곡을 독학하는 것도 가능했다. 그저 시간과 노력이 필요할 따름이었다.

내가 새로운 곡을 연습할 수 있는 시간은 아이들이 자고 있어서 신경 쓸 필요가 없는 저녁 시간이었다. 내 피아노는 전자 피아노라서 헤드폰을 쓰고 연주할 수 있었으니 늦은 저녁에도 연습할 수 있었다. 그래서 나는 매일 밤 아이들을 모두 재운 뒤 방에서 걸어 나오고 나면 바로 피아노 앞으로 가기로 결심했다. 얼마든지 쉽게 할 수 있는 일로 느끼고 싶어서 피아노를 연습하기까지의 과정을 구멍이 난 스위스 치즈처럼 잘게 조각냈다. 그러자 내가 아이의 방에서 걸어 나온 후 해야 할 유일한 행동은 피아노 의자에 앉는 것이 되었다. 처음에 나는 바로 피아노 앞으로 가서 이미 아는 곡을 연주한 뒤 자리를 떴다. 때론 겨우 5분 만에 일어난 적도 있었다. 아무리 짧은 시간이라도 피아노 연습을 마치기 전까지는 설거지할 그릇이 있는지 확인하거나 텔레비전을 보거나 하는 다른 일을 하지 않았다. 머지않아 이 행동은 점점 익숙해졌다. 나는 나 자신의 비서가 되어서 그날 저녁 내가 뭔가 새로운 것을 배우도록 조금씩 이끌었다. 미래의 나를 위해 아침에 새로운 곡을 준비해 두었고 피아노 의자에 앉았을 때 일단 새로운 곡이 나와 있는 걸 보면 몇 소절을 익혔다. 어느 날은 지루해서 10분 만에 연주를 끝냈다. 또 다른 날은 정신없이 연습하다 보니 한 시간이 훌쩍 지나 있었다. 피아노 연습은 완전히 루틴이 되어 매일의 리듬을 만들었다. 내가 매일 밤 하는 행동 직후로 활동을 연결했기에 가능한 일이었다. 매일 아이들을 재우기 때문에 그 활동 다음의 행동으로 바로 연결 지은 것이다.

2009년 《개인 심리학 유럽 저널》에 발표된 연구 결과에 따르면, 새로운 행동을 저절로 하게 될 때까지 평균 66일이 걸린다고 한다. 하지만 행동의 확실한 조건-반응 연결고리를 만들면 66일보다 훨씬 빨리 루틴을 형성할 수 있다. 나에게는 아이들의 취침 시간이 매일 밤 피아노 연습을 하게 되는 확실한 계기가 되어주었다.

어떤 일이든 이 훈련으로 이룰 수 있다. 일주일 중 하루의 주제를 '자기관리를 위한 날'로 정하는 것도 방법이다. 충분히 느슨하게 유지하면 부담감도 없고 뭔가 작은 일 혹은 큰일을 할 수 있는 유연성도 생긴다. 예를 들어 '나를 위한 일요일'을 보내기로 했다면 일요일에 손톱에 매니큐어를 칠하거나 오랫동안 목욕하는 작은 일에서 시작해 결국 어느 일요일에는 스파를 예약하게 되는 더 큰 일로 확장해 볼 수 있다. 피아노를 연습하며 나는 이미 아는 곡을 작게 시작했고, 결국 완전히 새로운 곡을 익힐 수 있었다. 처음부터 새로운 곡에 도전했다면 중간에 분명 그만두었을 것이다.

특정한 날을 당신의 조건으로 이용하는 것에 더해 루틴을 위해 특정 시간, 행동, 트리거를 선택할 수 있다. 내가 실천하고 있는 몇 가지 아이디어는 아래와 같다.

- 매달 첫날: 개들에게 심장 사상충 예방약을 먹인다.

- 월요일: 건조기에서 꺼낸 빨래를 침대 위에 쏟아서 다 개서 정리할 때까지 내가 잘 수 없게 만든다.

- 마트에 장 보러 갈 때: 다녀온 후 재활용품을 가지고 집 옆에 있는 재

활용 센터로 가져가 버린다.

– 수요일 저녁: CBS에서 하는 리얼리티 쇼를 보며 손톱을 칠한다.

– 월간 팀 회의가 열릴 때: 회의 후 나는 30분간 내가 한 일에 대해 연례 평가서 폴더에 넣을 노트를 작성한다.

– 상사에게 주간 업데이트를 보낼 때: 보낸 후 바로 내가 놓친 게 없는지 확인하기 위해 이메일 폴더를 재빨리 확인한다.

– 저녁 식사가 준비되기 5분 전: 타이머를 5분으로 설정하고 아이들에게 저녁 식사 전에 장난감과 책을 정리하라고 말한다.

– 목요일 딸의 낮잠 후: 다양한 재료를 활용하여 아이와 함께 뭔가를 만드는 창의적인 놀이를 한다.

– 금요일 밤: 가족들과 피자를 시켜 먹고 보드게임을 한다.

– 매일 밤 양치할 때: 비타민 먹기 등 매일 하고 싶은 뭔가를 한다.

– 화요일: 가족과 함께 저녁 식사를 할 때부터 잠자리에 들 때까지 스마트폰과 컴퓨터 기기를 일절 사용하지 않는다.

– 7월 1일 혹은 새해 첫날: 공기청정기 필터를 교체하고, 마스카라를 교체하고, 쿠션을 빼는 등 6개월에 한 번씩 하는 일들을 한다(나는 6개월마다 하는 일이 아주 많다).

– 내 생일이 있는 주의 주말: 시력 검사나 연례 건강 검진 등 정기 검진을 예약한다.

루틴은 해야 할 일을 줄여주고 뇌도 가볍게 만든다. 그 일들을 할 정확한 시간과 장소가 예정되어 있기 때문이다. 가령 '언젠가 야외 소파의 쿠션을 빨아야 하는데…' 하는 생각에 사로잡힐 수 있다. 그러는 대신 6개월마다 빨기로 정확한 시간을 정해두면 나는 내 시스템을 신뢰하기 때문에 최소한의 에너지만 사용해서 1년에 두 번만 생각하면 된다. 나는 '언제 시력 검사를 마지막으로 받았더라?' 하는 생각이 든 적이 없다. 항상 내 생일이 있는 주에 검사를 하기에 지난 12월에 받았다는 걸 알기 때문이다.

매일, 매주, 매달, 매년 일어나는 일의 시작점을 정해두는 것도 좋은 방법이다. 세계적 미래학자 대니얼 핑크는 저서 『언제 할 것인가』에서 새로운 출발을 위해 시간 이정표를 활용하는 방법을 알려준다. 주의 첫날인 월요일 혹은 달의 첫날, 새로운 직장에서의 첫날 혹은 새해의 첫날을 이용하는 것이다. 우리의 뇌는 이러한 날을 새로운 시작으로 생각하게끔 설계되어 있다. 이 점을 이용하면 좋다. 목요일이나 금요일보다 월요일에 시작하면 루틴을 계속 이어갈 가능성이 훨씬 커진다.

루틴을 만들 때 조건-반응 연결고리를 이용하면 일을 하기 전에 할 일을 기억해 내느라 발생하는 스트레스와 불안이 사라진다. 해야 할 일을 완수하기 위한 시간과 공간을 찾는 데에도 도움이 된다. 루틴과 리듬이 많을수록 주의를 빼앗는 요소는 적어지고, 우리가 원하는 일을 할 수 있는 정신적 공간이 더 많이 생긴다. 이러한 리듬과 루틴을 지키면 삶이 훨씬 수월해지고 즐겁다.

업타임 실천 전략

- '언젠가' 하려고 했지만 '막연한 미래의 언젠가'까지 계속 미뤄두거나 소홀히 하게 될 일을 찾는다. 그 일을 같은 스케줄에 있는 다른 활동에 붙여놓아 루틴을 만든다.
- 조건–반응 연결고리의 힘을 이용해 할 일을 기억하고 행동하게 만든다.
- 새로운 루틴을 시작하기 위해 캘린더에서 자연스러운 새로운 시작점을 찾는다. 가령 매월 첫날이나 생일이 될 수 있다. 이렇게 하면 루틴을 고수할 가능성이 높아진다.

Chapter 10

다운타임:
다시 올라가는 힘

생산성의 5C에서 새로운 루프를 열거나 아이디어가 떠오르는 시작점은 차분함/휴식(Calm) 단계다. 뇌가 편안히 쉴 때 새로운 아이디어가 샘솟는데 이런 차분한 시간을 다운타임(downtime)이라고 한다. 업타임과 달리 다운타임은 아무것도 안 하고 쉬거나 뇌를 이완시키는 일을 하겠다고 의도적으로 결심하는 것이다. 이 다운타임은 업무의 전체적인 흐름에 무척 중요하다.

나는 많은 청중 앞에서 생산성 강의를 할 때 눈을 감고 가장 좋은 아이디어가 떠오르는 장소 두 곳을 생각하고서 적어보라고 한다. 그리고 나서 작성한 목록에 다음의 장소가 하나라도 포함되면 손을 들라고 한다.

- 샤워할 때(청중의 거의 절반)

- 출퇴근 중이거나 운전할 때(2분의 1이나 3분의 1)

- 요리 중이거나 아이들이 노는 모습을 지켜보는 중이거나 운동 중이거나 개 산책 중일 때처럼, 업무와 전혀 무관한 일을 할 때(거의 절반)

- 연달아 잡혀 있는 회의들 가운데 열 번째 회의(침묵)

- 이메일 작성에 몰두할 때(더 침묵)

이 훈련은 차분한 시간, 다운타임, 혼자만의 시간이 생산성에서 가장 중요한 순간에 속한다는 걸 잘 보여준다. 다운타임을 가지면 5C의 다음 단계인 창조(Create)로 이어진다. 이제껏 우리는 다운타임을 쓸모없는 시간이라 생각했지만, 업타임과 다운타임은 모두 더 높은 퍼포먼스와 평온한 삶을 위해 꼭 필요하다. 스케줄에 차분함/휴식을 위한 공간을 확보하면 창조적인 삶을 살 수 있다.

창의력이란 무엇일까? 창의력은 많은 것을 뜻하지만 일터에서는 대개 연결고리를 만드는 것을 의미한다. 전에는 연결되지 않았던 두 가지(혹은 그 이상) 아이디어를 동시에 생각하는 것에서 새로운 것이 탄생한다. 그런데 뇌가 차분히 사색하면서 동시에 뇌를 활성화하는 건 사실상 불가능하다. 즉 새로운 창의적인 아이디어를 떠올리며 루프를 여는 동시에 리스트에 적힌 일들을 전력투구로 완수해서 루프를 닫기란 불가능하다. 그건 마치 두 사람이 동시에 무전기에 대고 말하려는 것과 같다. 무전기로는 두 사람이 동시에 말할 수 없다. 이야기를 듣기 원한다면 말하는 걸 멈춰야 원활하게 대화할 수 있다. 마찬가지로 당신이 마주한 문제를 해결할 아이디어를 떠올리거나 발견하려면 그날 회의에 참석하지 말거나, 큰 프로젝트를 중단하거나, 이메일 읽는 것을 멈춰야 한다. 뭔가에 대해 생각하는 것과 뭔가를 떠올리는 것은 다르다. 따라서 새로운 아이디어를 떠올리려면 여백을 만들어야 한다.

다른 사람의 스케줄을 보고 먼저 배려해 주는 사람은 없다. '그가 나와 회의를 하는 것보다 다운타임을 보내면 아이디어를 더 잘 낼 수 있을 테니 이 회의를 잡지 말아야겠어.' 혹은 '그는 오후 산책을 좋아하니 점심 후에는 그와 회의를 잡지 말아야지.' 이런 일은 결코 일어나지 않는다. 새로운 아이디어를 떠올릴 시간이 필요하다면 당신 스스로 이 시간을 만들어야 한다. 캘린더에 더 많은 자유 시간을 만드는 최고의 방법은 그냥 그 시간을 잡는 것이다.

다운타임 사수하기

바쁜 게 곧 중요한 것은 아니듯, 바쁘다고 해서 항상 일을 많이 해내는 것도 아니다. 팀의 관리자나 리더라서 팀원들의 결과물을 평가해야 하거나 아니면 스스로 생산성에 대해 평가할 때, 평가의 시간 단위를 더 길게 확장하는 것이 좋다.

'하루에 하는 일'이 생산성을 측정하는 유일한 지표일 필요는 없다. 심지어 전반적인 아이디어 생산과 실행을 나타내는 좋은 지표도 아니다. 영업 사원에게 매주 특정 건수만큼 전화를 걸라고 하면, 세일즈 전화가 업무 시간을 거의 다 차지할 것이다. 당연히 그가 세일즈 전화를 더 잘하는 새로운 방법이나 고객을 위한 새로운 전략을 계발할 수 있는 차분한 사색의 순간을 갖기란 어려울 것이다. 주별이 아닌 월별로 영업 할당량을 부과하면 이런 종류의 창의력을 북돋아 영업 사원들이 세일즈 전화를 거는 방법과 시간을 알아서 정할 수 있다. 직원들이 한 해 중 언제라도 전혀 방해받지 않고 휴가를 갈 수 있어 활력을 되찾아 생생한 모습으로 돌아온다면, 거시적인 차원에서 볼 때 더 좋은 일이다. 휴가 중에 어떠한 업무도 하지 않아도 그렇다. 업무에서 벗어나 쉬면 일터와 생활에서 사용할 에너지 포인트가 재충전된다.

다운타임은 긴 안식년과 같은 모습일 필요는 없다. 침묵 속에 앉아 있기 위해 세 시간을 빼두거나 6개월 휴가를 갈 필요도 없다. 대신 하루 이틀의 휴가나 단 20분의 휴식 시간이라도 좋으니, 의도된 다운타임을 짧게 자주 구성해 보자. 이렇게 하면 받아들인 정보를 처리해서 생각이 형성될 수 있다.

샤워는 보통 10분 내외로 짧게 하지만 항상 아이디어가 가장 잘 떠오르는 때로 꼽힌다. 다운타임은 컴퓨터나 스마트폰 없이 보내는 점심시간이거나 휴식을 위해 일과 후 갖는 산책, 출근 전 아침에 하는 운동일 수도 있다.

침묵은 금이다

다운타임은 동료들과 점심을 먹을 때처럼 타인과 함께 하는 시간일 수도 있지만, 창의적인 생각을 하기에 가장 좋은 때는 혼자서 침묵하는 시간이다. 뜨개질, 걷기, 설거지, 샤워처럼 뇌가 활발하게 작동하지 않아도 되는 일을 하면 뇌가 자유롭게 배회할 시간이 생긴다. 첫 아이를 가졌을 때 읽었던 『베이비 몬테소리 육아대백과』에 따르면 아기들은 자신이 경험하는 모든 새로운 감각과 사물을 처리하기 위해 하루 중 최소 한 시간 동안 조용히 깨어 있는 시간을 보낸다. 나는 이 원리가 성인에게도 적용되어야 한다고 생각한다.

우리는 다운타임의 너무 많은 시간을 소음으로 채우고 있다. 팟캐스트, 오디오북, 스마트폰, 소셜 미디어, 핫 이슈 파악하기 등등. 이 모든 것들은 저마다 역할이 있지만, 휴식 없이 한꺼번에 쌓이면 지나친 소음이 된다. 많은 사람이 새로운 자극이 가라앉아 수동적인 아이디어 생산 모드로 전환될 시간을 자신에게 주지 않은 채 항상 뇌를 능동적인 흡수 상태로 유지시키는 자극을 찾는다. "뇌를 지루하게 하라!" 이것이 창의력과 정신 건강을 높이기 위해 해야 할 가장 좋은 일이다. 『딥 워크: 강렬한 몰입, 최고의 성과』에서 칼 뉴포트가 제시하는 네 가지 규칙 중 두 번째 규칙도 '무료함을 받아들이는 것'이다. 짧은 시간 동안에도 무료함을 견디지 못해 휴대폰을 들여다본다면, 뇌는 정신적으로 망가져 버린다. 깊은 수준의 집중에 이를 수 없는 것이다. 때론 팟캐스트를 하나 더 듣는 것보다 30분간 침묵하는 게 더 가치가 있다.

⊘ 하루 중 한 시간 동안은 조용히 깨어 있는 시간을 가져야 한다.

여기저기서 15분씩만 가져와도 한 시간을 채울 수 있다.

나는 다운타임이 드립커피와 같다고 생각한다. 카페에는 한 번에 여러 잔을 추출해 미리 내려놓은 배치 브루(batch brew) 커피가 있다. 그걸 마시는 건 커피를 마시는 가장 빠른 방법이다. 그것도 커피 맛이 좋으니 괜찮다. 하지만 드립 커피를 주문하고 커피가 내려질 때까지 기다리는 방법도 있다. 물이 커피를 충분히 적실 때까지 몇 분 더 걸리긴 하지만, 굉장히 맛있고 향이 풍부해서 시간을 더 들일 만한 가치가 있다. 이 커피는 아이디어 생산이나 비전, 창의력과 같다. 많은 회의를 덥석 잡아 매일 배치 브루를 급하게 마시는 선택을 하지 마라. 스케줄에 다운타임을 넣고 풍부하고 과감하며 진한 드립 커피와 같은 아이디어가 추출될 때까지 기다려라. 그럴 만한 가치가 있다.

항상 최고의 속도로 날아갈 수는 없다. 누구나 주마다 다른 시간을 보낸다. 어떤 주는 휴식이나 다운타임이 더 있고, 어떤 주는 일정이 더 빡빡하다. 자연의 흐름처럼 밀물과 썰물과 같은 시간을 번갈아 보내며 일의 루프를 여닫게 된다. 한가한 주에는 그다음에 올 바쁜 주를 대비해서 아이디어, 에너지, 휴식을 채운다. 일은 일종의 주기이자 흐름이다. 그러니 다소 널널한 주가 있다면, 새로운 일을 벌이지 말고 즐겨라!

다운타임은 많은 가능성을 품고 있다. 비생산적이고 느슨하게 느껴지지만 결국 이 시간은 스스로의 가치를 높이는 길로 나아가기 때문이다. 해야 할 일들을 지워나가며 많은 일을 해내는 시간의 반대편에서 조용히 침잠하며 새로운 아이디어를 떠올리는 시간이 필요하고 중요하다는 것을 알고 꼭 이 시간을 확보하길 바란다. 다운타임에 아이디어를 떠올리고 업타임에 실행하는 흐름이 자연스럽게 흘러갈 때 탁월한 성과가 당신을 찾아올 것이다.

업타임 실천 전략

- 최고의 아이디어가 언제 어디서 떠오르는지 스스로 묻는다. 그러고 나서 스케줄을 본다. 그런 시간이 얼마나 많이 일정에 포함되어 있는가?
- 당신이 관리하거나 함께 일하는 사람들의 결과물을 거시적인 차원에서 생각하자. 그들에게 다운타임을 생산적인 시간으로 이용해서 효과적으로 일할 자유가 있는가?
- 하루 중 침묵할 1시간을 찾는다. 한 번에 1시간이 아니라 여기저기서 10분씩 모아도 된다. 일을 끝내고 다른 일로 넘어가기 전에 혹은 한가한 시간이 있을 때마다 팟캐스트를 켜거나 스마트폰을 열지 말자. 뇌가 하루 동안 당신이 처리한 모든 정보 속에 충분히 스며들 수 있는 시간을 준다.

UPTIME

PART 3

장소의 원칙

집중력을 끌어올리는 최적의 환경을 조성한다

Chapter 11

핫스폿과 낫스폿

한 살배기 아들을 유아용 식탁의자에 앉혀 놓으면 내가 음식을 주기 전부터 침을 흘리기 시작한다. 내가 훌륭한 셰프이기 때문이라고 말하고 싶지만, 사실은 아이의 뇌가 의자와 음식을 연관 짓는 법을 정확하게 배웠기 때문이다. 그러한 뇌의 연결이 아이의 침샘에 지속적인 변화를 촉발시킨다.

왜 우리는 많은 작가들이 앉은자리에서 책 한 권을 다 썼다는 이야기를 듣게 되는 걸까? 왜 어떤 사람들은 집중하거나 잠에 들기 위해 같은 클래식곡을 반복해서 들을까? 정반대의 상황도 있다. 왜 어떤 사람들은 재택근무를 처음 시작했을 때 업무 스타일을 전환하기 어려웠을까? 바로 '상태 의존성' 때문이다.

상태 의존성은 뇌가 단순히 지금 하고 있는 일을 넘어 훨씬 많은 것을 받아들인다는 사실을 알려준다. 뇌는 우리가 있는 장소, 맡은 냄새, 들은 소리와 같은 맥락 단서를 수집한다. 이 정보들은 뇌에 저장되어 우리의 생각과 행동에 깊이 연결된다.

이것은 기억력에도 적용된다. 1975년의 한 실험에서 심해 다이버 두 집단에게 두세 음절로 된 단어 36개를 무작위로 적어 암기하게 했다. 한 집단은 땅에서, 다른 집단은 물속에서 단어를 외웠다. 그리고 물속에서 외운 사람들 중 절반이 땅 위로 올라가고, 땅에서 외운 사람들 중 절반이 물속으로 들어가서 외운 단어를 말하게 했다. 놀랍게도 땅에서 외웠는지 물속에서 외웠는지는 큰 영향을 미치지 않았다. 다만 단어를 외울 때와 같은 곳에서 외운 단어를 기억해 낸 사람들의 정확도가 훨씬 높았다.

집중력이 높아지는 핫스폿(hot spot)

뇌가 특정 장소와 특정 과업을 연관 짓는다는 점을 우리 업무에 유리하게 활용할 수 있다. 매일 사무실에 출근할 때 쉽게 업무 모드로 빠져드는 이유가 궁금한가? 당신이 컴퓨터를 켜기도 전에 이미 많은 조건들이 갖춰져 있기 때문이다. 이를테면 출퇴근길, 책상, 사무실, 옆자리의 조잘대는 동료들, 당신이 좋아하는 머그잔. 이 모든 것은 당신의 뇌가 매일 업무와 일관되게 연관 짓는 단서들이다.

이러한 단서들은 당신이 책상에 앉기도 전에 '자동차 바퀴에 기름칠을 하는' 역할을 한다. 당연히 당신의 뇌는 일터에서 업무에 대한 생각에 빠져들기 쉽고, 당연히 많은 사람이 그런 단서가 전혀 없는 집에서는 업무 모드로 빠져들기 어렵다. 사무실, 집, 공유 오피스, 카페 등 여러 장소에서 일하더라도 빠르게 집중할 수 있는 방법은 무엇일까? 특정 과업을 위해 특정 장소를 택하면 일에 쉽게 빠져들 수 있다. 과업과 장소를 연결하는 예시를 살펴보자.

– 사무실에서 커다랗고 편안한 의자에 앉아 경비 처리를 한다.

- 재택 근무일에 집 근처 카페에서 제품 디자인 문서를 읽는다.

- 베란다에서 스마트폰으로 업계 뉴스를 읽으며 하루를 시작한다.

- 아침에 가장 먼저 내 책상에 앉아 커피 한 잔을 마시며 이메일에 답장을 보낸다.

- 재택 근무일에 더블 모니터로 코딩을 한다.

- 사무실에서 문을 닫은 채로 모든 콘텐츠를 작성한다.

일단 일일 주제와 내가 어디에 있을지, 무슨 일에 집중할지 대략적인 아이디어가 있다면, 어디서 그 일을 해야 하는지 바로 알 수 있다. 일관성이 높을수록 뇌는 특정 장소에서 특정 과업을 위한 집중 모드에 빠져들기가 더 쉽다.

휴식을 위한 낫스폿(not spot)

만일 아들에게 책을 읽어주거나 장난감을 가지고 노는 동안에도 유아용 식탁의자에 앉혀두고, 때로는 음식을 주지 않은 채 식탁의자에서 내린다면 아이의 뇌는 의자와 음식을 연결 짓지 않을 것이다. 그리고 '내가 이 의자에 앉는 이유는 뭐지?' 하고 생각할 것이다. 음식과 장소의 직접적인 연결이 사라진다. 이것이 바로 특정 활동을 특정 장소에서만 하고 다른 장소와 섞지 않는 게 중요한 이유다.

핫스폿 못지않게 '낫스폿'을 만드는 것도 중요하다. 그래야 뇌가 당신이 특정 장소에 있을 때 특정한 일에 대해 생각하지 않는 데 도움이 된다. 이렇게 하면 업무와 일상에 적정한 거리를 유지할 수 있고 마음을 이완할 수 있는 능력이 촉진된다.

갑작스럽게 의무적으로 재택근무를 하게 되었던 팬데믹 초기에는 일도 휴식도 집에서 하니 많은 사람이 '항상 일터에 살고 있는 기분'을 느꼈다. 그때 나는 업무를 '집에 온 손님'처럼 대하라고 조언했다. 만일 그렇게 편하지만은 않은 시댁 식구들이 집에 머문다면, 아마도 조금은 덜 반갑고 하루 이틀이 길게 느껴질 수도 있다. 이럴 때 당신은 어떻게 대처해야 할까? 경계를 설정하면 된다. 이를테면 그들에게 그들만의 공간을 주는 것이다. 그러면 당신이 잠들 때까지 매일 밤 그들과 어울리지 않아도 되고, 아침 6시에 일어나자마자 그들이 당신의 침실로 들어오는 일도 사라진다. 하지만 우리는 눈을 뜨자마자 이메일을 열어보고 잠들기 직전까지 일하지 않는가? 스마트폰을 곁에 두고 자면 이러기 십상이다.

　나의 아버지는 재택근무가 일상적인 일이 되기 훨씬 전인 1996년부터 재택근무를 하셨다. 어린 시절 기억 속 아버지는 가족의 공용 공간에 일을 끌고 들어오는 법이 절대 없었다. 최근에야 나는 아버지께 일과 삶의 경계를 어떻게 그렇게 잘 지킬 수 있었는지 여쭤봤는데 아버지의 대답은 의외로 단순했다. 다른 선택지가 없어서 어쩔 수 없었다는 것이다. 와이파이가 없어서 이더넷에 접속해야 했고, 모든 일은 데스크톱 컴퓨터 하나로 처리했다. 이제는 집 안 어디서나 노트북을 들고 갈 수 있어서 야외 풀장 옆에서 이메일을 보낼 수도 있다. 하지만 아버지는 마루와 부엌을 가족과 함께하는 공간으로 지정해 두고 절대 그곳에서 일하지 않았기 때문에 그 공간들은 영원히 일에서 해방된 공간으로 남을 수 있었다. 공용 공간은 아버지의 '낫스폿'이었다.

　나에게도 그런 공간이 있다. 우리 가족이 처음에 새집으로 이사 갔을 때, 침실 옆에 탁자 하나가 겨우 들어갈 정도로 애매하게 작은 방이 있어서 어떻게 활용하면 좋을지 고민했다. 결국 우리는 넉넉한 크기의 1인용 의자와 담요를 두고 작은 책장과 커피머신을 두었다. 그 공간은 곧 아이들에게 '아늑한 방'이 되었다.

　이 아늑한 방에서 나는 아이들이 깨기 전에 커피를 마신다. 책과 잡지를 읽고 명상한다. 딸이 아침에 일어나자마자 자기 책을 들고 와 나를 만나는 공간이기도 하다. 아늑한 방에는 시계가 없다. 뭔가를 하기 위해 시간을 알아야 하면 방에 있는 휴대폰에 알람을 설정해 둔다. 종종 노트북을 가져가서 이메일을 쓰거나 휴대폰으로 소셜 미디어를 들여다보고 싶지만 꾹 참는다. 나는 그 의자에서 단 한 번도 업무를 하거나 스트레스받는 기억을 일부러 떠올린 적이 없기 때문이다. 그곳에서는 오직 휴식만 생각한다. 그 방은 순도 100퍼센트 안락하고 평온한 방이라서 들어가기만 하면 내 몸과 마음이 아주 쉽게 이완된다. 이 좋은 걸 망칠 이유가 없다.

　당신의 삶에도 안전한 공간이 있어야 한다. 하지만 안타깝게도 기술 문명은 우리를 끊임없이 연결되도록 유혹하고 우리의 안식처는 사라질 위험에 빠졌다. 그러니 이 공간은 작정하고 찾아야 한다. 하루에 일정 시간 동안 머물 수 있는 물리적인 공간 한두 곳을 찾아보자. 그곳에서는 전화를 받지 않고, 이메일도 읽지 않고, 오직 오디오북이나 음악만 들으며 휴식을 취해보자. 완전한 침묵을 유지하는 출퇴근길도 좋다.

거실의 쇼파나 침대 위일 수도 있다. 당신에게 스트레스를 주는 요인들이 그곳을 침범하지 못하게 하고 그 공간에서 얼마나 쉽게 이완되고 휴식할 수 있는지 살펴보자. 이전에 그러한 공간을 확실하게 구분하지 못했다 해도 뇌가 그 공간에서는 휴식 외에 아무것도 떠올리지 않도록 다시 훈련시키면 언제든지 새롭게 시작할 수 있다.

어디서든 몰입하는 법

사무실로 출근도 하고 때로는 재택도 하는 하이브리드 근무를 할 경우 여러 장소에서 여러 직업으로 일하는 듯한 느낌을 받을 수 있다. 만일 당신이 매주 여러 장소로 출장을 가야 한다면, 루틴에 빠져들기 어렵다고 느낄 것이다. 이때는 주중에 매일 하는 몇 가지 일을 찾아 뇌의 전환이 빨라지게 할 수 있다.

가령 사무실로 출근하는 날, 8시 15분에서 9시 사이에 오디오북을 들으면서 출근한다면, 재택근무를 하는 날에도 같은 시간대에 산책을 하며 오디오북을 들어보자. 재택근무를 할 때 점심 식사 후 항상 산책을 한다면, 사무실로 출근하는 날에도 그렇게 하면 된다. 출근하는 날 항상 오후에 커피를 마신다면 집에서도 커피를 마셔라. 재택근무 하는 날 매일 아침에 운동을 한다면 출장을 간 호텔에서도 똑같이 하는 것이다. 이 신호는 우리가 어디에 있든지 흐름을 유지하고 일관되게 근무할 수 있게 도와주며 일에 몰두하는 하루를 보낼 기반을 마련해 준다.

낫스폿을 만드는 것과 마찬가지로 일하지 않는 날에만 따르는 루틴을 만들면 뇌가 이완하고 자유롭게 생각하도록 도울 수 있다. 이를테면 재미를 추구하는 것이다. 토요일 아침마다 팬케이크를 만들거나 주말에 시간을 내어 카푸치노 머신을 사용할 수도 있다.

핫스폿과 낫스폿을 마련하는 일은 당신의 집중력을 더욱 향상시키는 방법이다. 당신이 어떤 종류의 일을 어느 장소에서 하기를 좋아하는지 알면, 주간 리스트와 일일 리스트를 좀 더 정확하게 작성할 수 있다. 해야 할 일을 어디서 어떻게 가장 잘할 수 있는지 알고 더불어 어디서 무엇을 할지 의도까지 분명하다면, 당신은 분명 장소나 일정과 상관없이 쉽게 성공에 도달할 것이다.

업타임 실천 전략

- 가장 중요한 과업 한두 가지를 위한 핫스폿을 택하라. 예컨대 '나는 항상 사무실의 내 의자에 앉아 고객이 보낸 이메일에 답장한다'와 같은 모습일 수 있다. 뇌가 장소와 일을 연관 짓도록 훈련한다.
- 당신이 절대 적극적으로 일하지 않는 '낮스폿'을 정해라. 이 공간을 오직 휴식을 위한 장소로 지정해서 이용하라.
- 업무일에 일관성을 조성하라. 그날 어디서 일하는지와 상관없이 항상 하는 몇 가지 루틴을 만든다.
- 어느 날 어디서 어떤 일을 누구와 하는지를 기준으로 당신의 스케줄을 자세히 살펴보라. 일정이 타당한가? 당신의 에너지 흐름과 잘 맞는가? 그렇지 않다면 당신에게 맞게 조정하라.

Chapter 12

공간 에너지 끌어모으기

모두가 사무실로 출근하고 같은 장소에서 같은 시간 동안 근무하던 모습은 이제 많이 달라졌다. 아예 재택근무를 하거나 일주일에 몇 회씩 재택근무를 선택해 일하기도 한다. 또한 출퇴근 시간을 조정하는 등 탄력 근무를 실시하는 곳도 많다. 업무 스케줄이 매일 똑같던 시절, 우리의 뇌는 그다지 많은 상황을 고려할 필요가 없었다. 출퇴근 패턴이 뚜렷하게 인식되어 매일 업무 모드로 빠져들기가 쉬웠다. 재택근무가 본

격화되자 일관된 패턴이 무너지고 새로운 패턴에 적응해야 하는 일이 잦아졌다.

매주 바뀌는 스케줄에 맞춰 때로는 집에서, 때로는 사무실에서 일하는 하이브리드 근무는 완전히 새로운 상황이다. 다른 팀원들과 일정을 조율하고 최적의 근무 장소를 결정할 때, 미리 계획하고 어떤 목표를 달성할 것인지가 점점 더 중요해지고 있다. 처음으로 우리는 다양한 스케줄과 여러 종류의 업무에 맞춰 뇌를 완전히 다른 환경에서 작동하도록 훈련시켜야 하는 상황을 맞이하게 되었다.

또한 하이브리드 근무 환경을 대하는 반응이 뚜렷이 다른 두 집단이 출현했다. 재택근무가 집중하는 데 도움이 되었다고 느끼기 때문에 실망한 사람들(재택파)과 사무실에 나가서 일하는 게 더 생산적이라고 느끼기 때문에 일터로 복귀하는 것을 반기는 사람들(현장파)이다.

⊘ 집과 사무실 중 어느 곳에서 집중이 더 잘되는지 파악하면
일을 가장 잘할 수 있는 새로운 루틴과 근무지를 발굴할 수 있다.

재택과 사무실 근무에 대한 우리의 성향을 파악하면 우

〈성향에 따른 공간 설정법〉

재택파 (집에서 집중이 더 잘되는 사람)	현장파 (사무실에서 집중이 더 잘되는 사람)
▫ 재택 근무일에 방해받지 않고 집중할 수 있는 시간 블록을 설정한다.	▫ 현장 근무일에 방해받지 않고 집중할 수 있는 시간 블록을 설정한다.
▫ 가능하다면 화상 회의를 포함해서 모든 회의를 현장 근무일로 미룬다.	▫ 가능하다면 회의 요청을 재택 근무일로 미룬다. 설령 사무실에서 하는 대면 회의여도 집중력을 위해 집에서 화상으로 하는 방법도 고려한다.
▫ 방해 요소를 최소화하기 위해 홈 오피스를 차린다(전화 없는 공간, 헤드폰 사용, 문을 닫을 수 있는 공간, 추가 모니터 등)	▫ 방해 요소를 최소화하기 위해 당신만의 사무실을 조성한다. 집중하고 있음을 동료들에게 알리기 위해 큰 헤드폰이나 탁상용 작은 터치 램프를 사용하고, 추가 모니터를 마련한다. 필요하다면 사무실이나 회의실을 예약한다.
▫ 집중력을 최적화하는 재택 스케줄을 생각한다(아침의 생동감을 유지하기 위해 한낮 운동, 이른 아침 기상, 늦은 점심).	
▫ 현장 근무일을 띄엄띄엄하게 배치하고 그날 짧은 시간 동안에 끝낼 수 있는 소소한 일들을 처리한다.	▫ 재택 근무일을 띄엄띄엄하게 배치하고 그날 짧은 시간 동안에 끝낼 수 있는 소소한 일들을 처리한다.
▫ 중요하지 않은 잡다한 일이나 이메일 확인으로 재택 근무일을 낭비하지 마라. 그런 일은 현장 근무일로 미룬다. 열심히 집중해야 하는 큰 프로젝트를 먼저 처리한다.	▫ 중요하지 않은 잡다한 일이나 이메일 확인으로 현장 근무일을 낭비하지 마라. 그런 일은 재택근무를 하는 날로 미룬다. 열심히 집중해야 하는 큰 프로젝트를 먼저 처리한다.
▫ 선택할 수 있다면, 화상 회의를 포함해서 회의로 꽉 찬 날에 출근한다.	▫ 선택할 수 있다면, 회의가 전혀 없고 집중할 수 있는 시간이 많은 날에 출근한다.

리는 스케줄과 개인 업무 공간을 미세하게 조정함으로써 생산성을 극대화할 수 있다.

하이브리드 일터에서 함께 일하는 법

하이브리드 근무로 인해 개개인의 업무 환경이 달라지면서 동료들과 다양한 방법으로 협업을 해야 하는 상황이 발생했다. 이 경우 협동해서 일하는 데 새로운 어려움으로 다가올 수 있다. 순조로운 협업을 위해서는 다음과 같은 규칙을 세우는 것이 좋다.

① 지금 있는 곳을 알린다

뻔한 소리처럼 들리지만 하이브리드 근무 초기에 팀과 일할 때 끊임없이 등장하는 문제였다. 사람들은 그날의 근무지가 어디인지 캘린더에 명확하게 표시하지 않은 채 어떤 날은 각기 다른 사무실에서 근무하고, 어떤 날은 재택근무를 했다. 그 바람에 많은 팀원들과 일정을 잡기가 특히 어려워졌다. 캘린더에 자신의 위치를 표시하고 계속 업데이트하는 것이 중요한 이유다. 개인적인 업무, 건물 사이를 이동하는 시간, 잠시라도 당신의 위치 파악을 불가능하게 하는 소소한 다른 업무들까지도 시간 블록을 설정하는 것이 좋다.

② 규칙을 정한다

팀이나 조직 전체가 따르는 핵심 규칙을 정하면 긍정적으로 확산되어 소통이 원활해질 수 있다. 효과적인 참여의 규칙은 다음과 같을 수 있다.

- 가능하면 모든 아시아 회의는 화요일 밤에, 미국 회의는 수요일 아침에 잡는다.
- 집중해야 하는 업무를 처리할 여유를 확보하기 위해 금요일에는 회의를 잡지 않는다.
- 수요일에는 전원 사무실에서 근무한다.
- 시급한 용무나 당일 처리해야 하는 업무 요청이 있을 때만 온라인 채팅을 한다. 그 외에는 모두 이메일로 소통한다.
- 모든 일정은 그 일과 관련된 모든 당사자에게 수정할 권한을 부여해서 추가 이메일을 주고받지 않고도 쉽게 이동, 변경하게 한다.
- 주말에는 이메일을 보내지 않는다.

③ 평등한 분위기를 유지한다

재택근무의 또 다른 놀라운 측면은 모두가 화면 속에서, 즉 같은 크기의 네모 안에서 소통하게 된다는 사실이다. 이런 점 때문에 단체 회의와 대화에서 모두가 동등해지고, 대형 회의실 탁자에 앉아 있다면 하지 않았을 법한 발언도 스스럼없이 하게 된다. 하이브리드 근무일 경우 사무실에서 일하는 직원, 컴퓨터로 일하는 직원, 집이나 다른 먼 곳에서 일하는 직원이 있을 수 있으므로 모두를 동등하게 대하고자 노력하면 좋다. 발언의 기회가 상대적으로 적었던 사람에게 "조시의 생각은 어때요?"와 같이 직접 질문을 던져서 그들을 의도적으로 포함시켜라.

④ 친목 시간을 따로 마련한다

따로 떨어져 일하다 보면 동료들과의 교류도 뜸해진다. 원래 우리는 주중에 일회성 회의가 많았기 때문에 사교 시간을 회의에 끼워 넣는 게 비효율적이었다. 가령 나는 베스와 회의를 할 때 주말을 어떻게 보냈는지 이야기를 나눴는데 그 후 미셸까지 셋이 회의를 할 때 다시 주말 동안 한 일을 또 말하게 되었다. 베스는 이미 들어서 모두 알고 있는 이야기를 반복해서 알리느라 소중한 회의 시간을 갉아먹고 있었다.

이 점을 깨닫고, 매주 열리는 사교 회의를 만들었다. 수요일에는 항상 30분간 친목을 위한 시간을 보냈다. 그 덕분에 동료와 만날 때마다 사적으로 무슨 일이 있었는지, 주말에는 어땠는지에 관해 대화를 나눠야 한다는 부담감이 사라졌다. 다른 회의는 업무만을 위해 사용하고 심지어 그 시간마저 10~15분으로 줄일 수 있었다. 주 중반에 서로 교류할 시간이 따로 정해져 있다는 걸 알기 때문이었다. 우리는 그 회의를 더 재미있고 흥미롭게 만들기 위해 주제도 마련했다. 주간 안건의 예는 아래와 같다.

– 반려동물을 데려올 수 있는 날을 도입한다.

– 유명인 집들이 프로그램처럼 가장 좋아하는 방을 소개한다.

– 매주 정신적, 신체적, 정서적 건강에 대한 강의를 듣는다.

– 코스트코, 월마트 등 대형 마트 특성에 대해 토론한다.

– 뜨개질, 꽃꽂이, 칵테일 만들기 등 자신만의 노하우를 가르친다.

– 30분 이내에 요리할 수 있는 레시피를 가져와 공유한다.

– 1분 안에 가장 좋아하는 책과 거기서 얻은 교훈을 요약한다.

이 회의는 아주 인기가 많고 유용해서 우리 중 다수가 대면으로 만나고 있는데도 계속하고 있다. 주마다 온라인에서 만나니 온라인에서 일하는 사람들의 근황이 파악되고 그들도 소속감을 느꼈다. 모든 회의에서 사람들과 어울려야 할 필요가 줄어들면서 협업과 업무 관련 아이디어도 솟아났다.

⑤ 차이를 받아들인다

더 이상 같은 시간 같은 장소에 모두 함께 있지 않으니 업무의 흐름도 다시 생각해야 한다. 수신자의 근무 시간대에 맞춰 이메일을 보내야 하고, 팀 회의를 할 때는 여러 선택지를 제시해서 다른 장소에서 근무하는 팀원들도 쉽게 참여할 수 있게 해야 한다. 모두 새로운 근무 방식을 받아들이는 방법의 예다.

하이브리드 근무는 모든 면에서 지금까지의 업무 방식과 다르다. 앞으로 하이브리드 근무는 더 많은 곳에서 도입할 가능성이 높다. 지금 소개한 전략과 기법을 숙지한다면 새로운 환경에서 적응하고 성장하는 데 도움이 될 것이다.

업타임 실천 전략

- 당신의 근무 습관을 분석하고, 어느 곳에서 집중이 가장 잘되는지 스스로 파악한다. 그에 따라 당신의 캘린더와 근무지를 조정한다.
- 하이브리드 근무 일정을 백분 활용하기 위해 팀 회의와 소통을 위한 참여의 규칙을 만든다.
- 사교를 위한 시간은 따로 만드는 게 좋다.

Chapter 13

평범한 도구를
강력한 도구로

생산성은 자주 효율성으로 오해받는다. 사람들은 최소한의 시간으로 얼마나 많은 일을 해낼 수 있는가를 생산성의 척도라 생각한다. 사실 생산성은 더 넓은 개념이며, 효율성은 생산성의 여러 범주 중 일부일 뿐이다. 루프를 완벽하게, 그리고 가능한 한 빨리 닫는 능력이 전체적으로 일을 얼마만큼 해내는지에 영향을 준다.

많은 사람이 '해야 할 일'과 '해낸 결과'의 간극을 메우기 위해 다양한 프로그램과 애플리케이션, 플랫폼과 같은 새로운 도구에 의지한다. 이런 장치는 전반적인 흐름을 강화할 수 있지만, 생산성을 끌어올리려면 결국 그 도구를 사용하는 '의도'와 그것을 잘 사용하는 자신만의 '방법'이 조화롭게 결합되어야 한다.

코칭 과정 중 12년간 업무용으로 지메일을 사용하던 사람에게 보낸 사람에 따라 메일의 라벨 색깔을 다르게 설정하는 방법을 알려주었다. 그의 상사가 보낸 이메일을 밝은 빨강색으로 바꾸어 눈에 잘 띄게 만들었고, 외부 업체에서 보낸 메일에는 다른 색을 추가해 영업 관련 이메일이 한눈에 들어오도록 바꾸었다. 수신함에 어떤 메일들이 들어오는지 파악하는 새로운 시각적인 방법을 알게 되자 그는 아주 신나했다. 이 방법을 좀 더 일찍 배웠다면 큰 도움이 되었을 것이다.

시아버지의 식기세척기 활용법

나는 9년 동안 수억 명이 사용하는 지메일 등 구글의 모든 프로그램을 가장 효과적으로 사용하는 방법을 메일과 유튜브 채널을 통해 소개해 왔다. 시간을 절약해 주는 유용한 방법을 찾길 바라는 마음에서다. 그리고 수년간 많은 사람에게 시간이 획기적으로 절약되었고 일을 더 수월하게 해낸다는 후기와 어떻게 이러한 방법을 떠올리게 되었는지 묻는 이메일을 수없이 받았다. 지금이야 제품팀과 협업해서 처음 제품을 기획할 때부터 기능을 편리하게 개발하는 일에 참여하고, 기능이 출시되기 전에 어떻게 효율적으로 활용할 수 있는지를 먼저 알 수 있다. 하지만 처음 몇 년간은 내가 설정에서 직접 찾아 활용법을 파악해야 했다.

설정은 프로그램을 자신에게 딱 맞는 도구로 탈바꿈하기 위해 존재한다. 설정에 작은 변화만 주어도 당신은 성공에 가까워진다. 설정은 업무의 흐름을 강화하고, 제품을 당신의 것으로 만들기 위해 존재한다. 우리는 설정이 무엇인지 파악하는 데 시간을 쓰지 않기 때문에 다양한 기능을 너무 많이 간과한다. 텔레비전이나 세탁기부터 이메일이나 메시지 프로그램에 이르기까지, 어떤 제품이든 당신은 일주일에 한 번 이상 여러 기계와 제품, 프로그램을 쓴다. 그러니 20분 동안 설정을 연구해서 그 제품이 무엇을 도울 수 있는지 알아보자.

　　나의 시아버지는 놀라울 정도로 정확하게 그릇의 개수를 따져서 식기세척기를 사용하신다. 이렇게 많은 그릇을 넣었는데 모두 깨끗하게 씻겨 나온다는 게 믿기 힘들 정도다. 시아버지는 특정 각도로 그릇과 접시를 배치하고, 컵도 완벽한 각도로 일렬로 정리한다. 사용되지 않거나 낭비되는 공간이 단 1센티미터도 없다. 시아버지에게 세척기를 잘 사용하는 법을 어떻게 터득했는지 묻자 뻔한 대답을 하셨다. 제조업체가 식기세척기에 그릇을 넣는 방법을 소개한 사용 설명서를 읽었다는 말씀이었다. 제품의 설명서를 꼼꼼하게 읽는 사람은 거의 없다. 하지만 만일 모두가 자세히 들여다본다면 매일 밤 더 쉽게 더 많은 그릇을 깨끗이 닦게 될 것이다. 큰 결과를 얻을 수 있는 아주 작은 투자인 셈이다.

　　우리가 일터에서 사용하는 이메일, 메시지 프로그램, 캘린더 같은 모든 도구에 대해 이렇게 한다면 어떨까? 이렇게 공부하면 모바일 기기에서 나에게 맞게 알림을 설정하는 법을 정복할 수 있으며, 우리가 원할 때 원하는 것만 보고, 중요한 알림에 색을 입히거나 우리에게 필요한 것을 쉽게 찾을 수 있도록 태그하는 법을 알게 된다. 대부분의 사람은 지금 사용하는 이 도구가 무엇을 할 수 있는지를 제대로 탐색하지 않은 채 사용한다. 이것이 얼마나 강력한 도구가 될 수 있는지 모른 채 매일 사용하는 것이다.

부리토 이모지의 효과

어떤 프로그램이 당신에게 도움이 되게 만들려면, 방해가 되지 않아야 한다. 때론 우리를 도와주어야 할 도구와 프로그램이 끊임없이 알림을 보내 주의를 분산시켜 본의 아니게 집중력을 끌어내릴 수 있다. 1초만 주의를 빼앗겨도 전반적인 뇌 공간을 잡아먹는다. 알림을 열어 확인하지 않아도 에너지 포인트를 앗아가고, 이렇게 에너지를 빼앗기는 일이 누적된다.

알림을 어떻게, 언제 받을지 설정할 수 있는 기회는 무궁무진하다. 특히 항상 사용하는 기기에서 무엇을 볼지 제어하는 개인 맞춤 기능을 반드시 활용하는 것이 좋다. 스마트폰 설정을 통해 누구의 전화에 벨이 울릴지, 몇 시부터 몇 시까지만 알림을 받을지 정하고 벨소리의 크기와 톤을 조정할 수 있다. 이메일이나 메시지 알림도 마찬가지다. 업무 시간에만 메시지를 볼 수 있게 알림 다이제스트를 설정하거나 알림 기능의 조건을 당신에게 맞게 조정해 보자.

모두가 아닌 특정한 사람이 이메일을 보낼 때만 알림이 울리는 방법도 있다. 하루 종일 새로운 뉴스가 있을 때마다 업데이트를 계속 받지 말고 하루에 한 번 뉴스 헤드라인을 받는 시간을 설정할 수도 있다. 나는 스마트폰에서 모든 소셜 미디어 애플리케이션의 알림을 퇴근 이후 한 시간만 울리도록 한정시켜 버렸다. 그리고 이를 유지하기 위해 남편을 시켜 비밀번호를 설정했다. 그래야 소셜 미디어를 들여다보고 싶은 마음이 들지 않을 테니까. 제품의 설정을 이렇게 조금만 변경해도 창의력이 생기고, 새로운 루프를 열 수 있는 더 깨끗한 여백이 머릿속에 생기며, 끊임없이 떠오르는 잡념에서 벗어날 수 있다.

설정을 당신에게 맞췄으니 한발 더 나아가 디자인까지 당신의 취향에 맞춰보자. 뭔가가 마음에 들면 그걸 잘 정리하고 관리하게 될 가능성이 훨씬 커진다. 좋아하는 촉감의 이불

이 생기면 침대를 정리하려는 마음이 더 자주 생긴다. 메일함 배경을 좋아하는 해변 사진으로 바꾸면 이메일을 확인하는 시간이 더 즐겁다. 파일 관리 시스템에서 폴더에 컬러를 설정하면 시각적으로 더 흥미로워 보인다. 함께 일했던 어떤 임원에게 그의 온라인 캘린더에 있는 모든 비행 일정 옆에 비행기 이모지를, 딸의 테니스 경기에 테니스 볼 이모지를 추가하는 법을 가르쳐주자 굉장히 신나했던 기억이 떠오른다. 도구, 프로그램, 이메일, 책상과 캘린더는 우리가 하루에도 수십 번씩 보니 거기서 눈을 즐겁게 하는 소소한 장치를 추가하면 큰 변화가 생긴다.

구글 CEO팀의 부사장 톰 올리베리의 책상에는 매일 엄청난 양의 일들이 스쳐 지나간다. 이메일, 리스트, 검토해야 할 발표 자료, 내려야 할 결정이 있다. 그의 비서 새러는 가장 중요한 일들에 플래그를 달아 그의 주목을 끌기로 했다. 그래서 주목해야 할 일이 있으면 톰이 가장 좋아하는 음식인 부리토 이모지를 달아 메일을 보낸다. 톰은 점심 식사로 부리토를 즐겨 먹기 때문에 부리토 이모지에 더 관심을 보였다. 부리토 이모지는 눈에 잘 띄고 특징적이며 그의 팀 안에서 '중요하다'는 메시지를 전달하는 새로운 상징 요소가 되었다. 얼마 지나지 않아 이 이메일은 '부리토 리스트'라고 불리게 되었다. 투두 리스트라고 부르는 것보다 훨씬 재미있게 느껴지지 않은가! 도구를 그의 취향에 맞게 바꾸자 톰의 일과와 업무 흐름에 작은 변화가 생긴 것이다. 시간을 들여 업무 흐름을 당신에게 맞게 조정하는 법을 찾으면 지루한 일상이 사라지고 도구나 시스템을 계속 사용하는 데 도움이 된다.

단축키를 사용하라

사용하는 기기와 효과적으로 상호작용하려면 더 신속하게 움직이기 위해 단축키를 아는 게 가장 확실한 방법이다. 마우스를 건드리지 않고서도 일반적인 업무 수행을 가능하게 하는 키보드 단축키는 숨은 영웅이다.

지메일 설정에서 단축키를 활성화하면 자판에서 r만 눌러도 이메일에 답장을 하고, a만 눌러도 모두에게 답장을 보낸다. 이러한 것은 빙산의 일각이다. 모든 프로그램에는 단축키가 있어서 몇 분까지는 아니더라도 몇 초는 절약할 수 있다. 교육 플랫폼인 브레인스케이프의 계산에 따르면, 자신이 일상에서 가장 많이 하는 행동과 관련된 키보드 단축키를 배우면 연간 최대 64시간, 즉 업무일로 8일을 절약할 수 있다. 내 근처에 앉는 사람들은 내가 일하는 모습을 관찰하며 "그걸 어떻게 그렇게 빨리 했어요? 마우스는 건드리지도 않고서 어떻게 한 탭에서 다른 탭으로 옮겨 갈 수 있어요?"라고 묻는다. 내 대답은 항상 똑같다. "키보드 단축키요!"

이메일과 같이 작은 것부터 시작하라. 답장, 전체 답장, 삭제, 아카이브 등 하루에 가장 많이 하는 작업을 떠올려보자. 그리고 그 작업에 적용할 수 있는 키보드 단축키를 발굴해서 실행해 보자. 브라우저에서 새로운 창을 여는 단축키를 배우는 것만으로도 하루에 몇 분은 절약된다.

이러한 조언이 소소해 보일지라도 꽤 많은 시간을 절약할 수 있으며, 그 덕분에 과거에는 상상할 수 없었던 속도와 수준으로 효율성을 높일 수 있다. 이런 사실을 나와 내 동료들이 겪은 경험을 통해 알지 못했다면, 나는 이 주제를 한 장까지 할애하며 소개하지 않았을 것이다. 하지만 아무리 재빨리 움직인다 해도 주의를 분산시키는 요소는 언제든 우리를 방해한다. 다음 장에서는 방해를 받기 전에 미연에 방지하는 방법과 주의를 빼앗겼을 때 해결하는 방법을 살펴보자.

업타임 실천 전략

- 휴대폰, 이메일 프로그램, 식기세척기처럼 매일 사용하는 도구 몇 가지를 떠올린다. 20분 동안 설정을 연구해서 당신에게 어떻게 도움이 될 수 있는지 파악해 보자.
- 알림과 도구를 당신에게 맞게 설정해서 원할 때 보고 싶은 것들만 보여주게 변경하자. 또한 디자인 설정을 당신의 취향에 맞게 바꾸어 시각적으로 기분 좋게 만들면 같은 업무도 새롭게 느껴질 것이다.
- 가장 많이 사용하는 제품에서 가장 자주 하는 행동을 찾아 일상적인 활동에서 시간을 절약해 주는 키보드 단축키를 익히자.

Chapter 14

방해 요소는
미리 제거하는 게 낫다

우선 사항을 파악하고, 그 일을 할 시간을 확보하고, 적절한 장소에서 가장 에너지가 높은 시간에 일을 하고, 도구를 잘 사용하는 법을 알게 되었다면 모든 준비가 끝난 것일까? 그것만으로는 부족하다. 우리의 주의를 빼앗는 요소는 항상 우리를 방해한다. 집중력이 없다면 우리는 절대 업타임을 달성할 수 없다.

자연스러운 흐름에 집중력이 합쳐지면 시간을 더 잘 쓰

게 된다. 일을 처리할 수 있는 완벽한 보호막과 시간과 에너지를 만들었다면 이제 집중력을 발휘해야 한다. '집중', '몰입', '몰두'는 모두 같은 상태를 말한다. 바로 주의가 분산되지 않은 채 일하는 것이다.

우리는 정신적으로도 신체적으로도 점점 더 집중하기 어려운 시대에 산다. 여러 공간에서 일할 수 있어야 하며 그 모든 공간에서 다른 사람과 소통하고 협업하는 법을 알아야 한다. 또한 우리가 업무를 더 빠르고 편리하게 할 수 있도록 도와주는 여러 장치와 장비는 알림과 경고 메시지를 보내고 새로운 소식이 있다며 우리를 끊임없이 방해한다. 캘리포니아 대학교에서 실시한 연구에 따르면 주의를 빼앗긴 후 다시 집중하려면 평균 23분 15초가 걸린다. 일하면서 몰입에 도달하기가 어려운 게 당연하다.

일단 주의를 빼앗는 요소가 나타나면 무시하기 어렵다. 새로운 문자와 메신저, 이메일이 눈에 포착되면 확인하지 않고 넘어가기가 힘들다. 그래도 괜찮다. 혼자서 이겨내려 애쓰는 것보다 더 쉬운 방법은 방해 요소가 당신의 업무 공간에 들어오지 못하게 미리 막는 것이다.

방해물을 미리 차단하라

주의를 빼앗는 요소를 미리 차단해 방해받지 않고 일하기 위해서는 냉정한 제3자의 관점에서 환경을 설정해야 한다. 어린아이가 일주일간 당신의 집에서 머문다고 상상해 보자. 이 아이는 아장아장 걸어 다니며 모든 것을 만질 수 있는 나이지만 말을 알아듣고 이해하기에는 너무 어리다. 이 경우 당신에겐 세 가지 선택지가 있다.

첫째로 아무것도 하지 않는 것이다. 이때는 일주일 내내 아이를 따라다니며 모든 위험을 경고해야 한다. "그 칼을 서랍에서 빼내지 마!", "벽난로 만지지 마!", "플러그에 손가락 넣지 마!" 등등. 둘째로 안전한 방이나 공간을 지정해서 아이가 한 주 내내 그 방에만 머물게 하는 방법도 있다. 마지막 방법은 아이를 보호하기 위해 벽난로 문을 닫고, 플러그를 막아두고, 칼이 담긴 서랍은 닫아두고, 위험한 물건들을 마루에서 치워두는 것이다. 아이에게 편안히 돌아다닐 수 있는 자유를 줄 수 있다.

세 번째 선택지가 모두를 행복하게 하는 평온한 방법이다. 두 번째 방법도 좋지만 아이가 돌아다닐 수 있는 제약이 심하고, 아이가 머무는 기간이 일주일이라는 걸 고려할 때 비현실적이다. 첫 번째 방법은 글로 읽기만 해도 지친다. 이런 상황에서 당신의 뇌는 항상 켜진 채로 주위를 살피고 관찰하고 순간순간 뭔가를 알아채고 방향을 계속 바꿀 것이다. 얼마나 많은 에너지 포인트가 소실되겠는가! 사흘째가 되면 아이가 아니라 당신이 먼저 뻗어버릴 게 분명하다. 그런데도 뭔가 안전하지 않은 일이 벌어질 가능성이 적지 않다. 이 같은 논리가 일터에서 집중하는 방법에도 적용된다. 선택지는 다음과 같다.

① 아무것도 하지 않는다

모든 알림과 이메일, 팝업, 메시지, 오픈 탭을 사용할 수 있게 그대로 둔다. 전화기를 곁에 두고 일한다. 뭔가가 주의를 빼앗아도 재빨리 주의를 되찾을 수 있는 능력이 있길 바랄 뿐이다. 하지만 연구에 따르면 그럴 가능성은 희박하다.

② 한 가지 일만 하는 환경을 만든다

검토해야 할 슬라이드나 계약서를 모두 출력해서 인쇄물로 보고 절대 인터넷에 접속하지 않는다. 와이파이가 되지 않거나 일상적으로 사용하는 프로그램이 깔려 있지 않은 별도의 컴퓨터를 사용한다. 짧은 시간 동안에는 괜찮지만 장기적으로는 비현실적이다.

③ 미리 차단한다

업무 시간이 시작되기 전에 시간을 들여 성공적인 하루를 위한 환경을 미리 조성한다. 주의를 빼앗길 수 있는 모든 것에 대해 미리 생각한다. 화장실을 다녀오고, 간식을 먹고, 물병을 채워두고, 정확히 업무에 필요한 것만 남겨둔 채 모든 프로그램 창과 탭을 닫거나 최소화한다. 팝업 알림을 끄고 메시지 프로그램에서 로그아웃한다. 전화기는 가지러 가려면 20초 이상이 걸리는 다른 방에 둔다. 왜 20초일까? 숀 아처가 저서 『행복의 특권』에서 소개한 '습관을 깨기 위한 20초 규칙'에 따르면 뭔가를 하는 데 20초가 안 걸리면 그 일을 할 가능성이 더 크며, 20초 이상이 걸리면 그 일을 할 가능성이 줄어든다고 한다. 그러니 당신을 방해하지 않았으면 하는 것들을 20초 이상 걸리는 거리에 둔다.

세 번째 방법이 가장 장시간 동안 가장 큰 성공에 이르는 환경을 조성해 준다. 처음에는 당혹스러울 수 있다. 왜냐하면 우리의 뇌는 날아드는 팝업창, 신규 메시지 알림과 같은 자극에 신속하게 반응하는 데 이미 익숙해졌기 때문이다. 뭔가를 작성해야 하는데 커서만 깜빡이는 빈 문서를 펴고 앉아 있으면 처음에는 무척 지루할 것이다. 하지만 지루하게 만들어야 집중할 수 있다. 해야 할 일 말고는 달리 할 게 없는 초기의 당혹스러움을 잘 넘기고 방해 요소들이 뇌에서 사라지면, 금세 업타임 모드로 전환되어 이전보다 적은 시간에 더 많은 일을 해낼 수 있을 것이다.

아이러니하게도 오늘날 직장에서 우리의 집중력을 흐리는 도구는 바로 업무를 효과적으로 할 수 있게 도와주는 컴퓨터와 스마트폰이다. 수많은 플랫폼에서 오가는 메시지 도착음, 팝업창, 텍스트 메시지는 집중력을 분산시키는 끝없는 쓰나미를 이룬다. 두 기기 모두 한두 세대 전에는 존재하지 않았기에 우리는 집중력을 잃지 않고 이 도구를 다루는 데 어려움을 겪는다.

직장인들의 시간과 에너지를 가장 많이 빼앗는 이메일을 확인할 때에도 현명하게 시간을 쓸 방법이 있을까? 메일 수신함을 열어보고 "어라, 할 일이 전혀 없네!"라고 생각하는 일은 없을 것이다. 대체로 이메일은 끊임없이 들어오며, 그건 당신의 일이나 삶에서 성취해야 하는 일들이 항상 더 있다는 뜻이기에 어떤 면에서는 좋은 일이다. 문제는 우리가 매일 너무 자주 이메일을 확인하고 모든 메일을 곧바로 처리하려 할 때 발생한다. 심지어 작업하는 프로그램 창 배경으로 열어두거나 휴대폰에 알림이 뜨도록 설정해 두어서 항상 그 소음에 주의를 빼앗긴다. 기다리는 메일이 없을 때도 이메일을 확인하기 일쑤다. 새로운 소식이 있는지 습관처럼 들여다 보는 것이다. 당신이 이메일을 볼 때마다 방해꾼을 뇌로 초대해서 에너지 포인트를 사용하고, 주의가 산만해질 기회를 준다는 걸 명심하자.

생산성 코칭을 하면서 이메일을 하루에 두세 번만 확인하는 게 얼마나 비현실적인 일인지를 자주 깨닫는다. 대개 업무 때문에 그보다 더 자주 이메일을 확인하고 신속하게 답장을 해야 하는 상황이 발생하기 때문이다. 하루에 두세 번만 메일을 확인할 수 없다면, 하루에 한두 번이라도 메일 창을 닫는 습관을 키워보면 어떨까? 이 작은 습관 하나가 매일의 업무 집중도에 큰 차이를 가져올 것이다. 파워 아워에 메일 창을 끄면 가장 이상적이다. 소음 없이 업무를 잘 완수할 수 있는 최고의 기회가 될 것이다.

멀티태스킹이라는 거짓말

흔히 멀티태스킹이 생산성을 높이는 방법이라고 알려져 있지만, 최근의 연구에서는 멀티태스킹의 효과를 입증하기 어렵다는 결과가 나왔다. 그래서 과거에는 한 번에 여러 일을 동시에 할 수 있게 만들어졌던 도구가 이제는 한 번에 한 가지 일에만 집중하는 방법을 찾는 것으로 초점이 전환되었다. 아래의 활동을 직접 해보자.

① 종이, 펜, 타이머를 준비한다.
② 다음을 적으며 시간을 잰다.

MULTITASKING

1 2 3 4 5 6 7 8 9 10

③ 적어둔 것을 베끼지 못하도록 종이를 뒤집어 빈 면을 위로 오게 한다.

④ 같은 것을 적는 동안 걸리는 시간을 잰다. 단, 이번에는 'M' 다음에 '1', 'U' 다음에 '2'처럼 문자와 숫자를 번갈아 적으면서 두 줄을 모두 완성한다.

⑤ 두 시간의 차이를 확인한다.

여러 사람을 모아두고 이 단순한 실험을 진행했는데 문자와 숫자를 번갈아 적는 데 걸리는 시간이 문자를 먼저 적고 숫자를 적는 시간 대비 평균 2배 이상 걸렸다. 종이의 양면을 살펴보면 결과물은 똑같은데 말이다.

물론 비과학적인 실험이지만, 이 간단한 활동만 해봐도 여러 일을 번갈아 할 때 더 많은 시간이 걸린다는 걸 유추할 수 있다. 뇌가 방향을 바꾸는 데에는 시간이 더 필요하고 우리의 에너지도 더 많이 사용된다. 문서를 작성하다가 이메일 답장을 보내고 다시 문서로 돌아왔다가 메시지 알림에 답하고, 다시 문서로 돌아왔다가 전화 통화…. 이렇게 하면 같은 결과물을 내기 위해 두 배 이상의 시간을 소요하며, 심지어 완성도도 떨어질 수 있고 그 과정에서 에너지가 낭비된다.

⊘ 한 번에 여러 가지 일을 하는 것은

여러 가지 일을 형편없이 하는 것이다.

물론 멀티태스킹을 할 수 있는 때와 장소가 있다. 바로 결과물의 완성도가 낮아도 괜찮은, 머리를 딱히 쓰지 않아도 되는 일들을 한꺼번에 처리할 때다. 하지만 그 외의 업무에서는 깊게 집중해서 일하는 것이 가장 효과적인 방법이다. 어떤 과업에 모든 신경을 쏟을 때, 그 일을 잘하고 싶을 때, 가장 적은 시간만 써서 일을 해내고 싶을 때에는 한 가지 일만 해야 한다는 사실을 기억하자.

업타임 실천 전략

* • 방해가 될 요소들을 찾아보고 방해가 되기 전에 미리 처리하는 것이 좋다. 지루할 정도로 자극을 없애야 집중할 수 있다.
• 특히 파워 아워 동안 하루에 한두 차례 이메일과 메신저 프로그램을 닫아 실시간으로 연결되지 않은 채 집중하는 느낌을 경험해 보자.
• 멀티태스킹이 시간을 앗아가는 것을 직접 느껴보자. 본문에 나온 MULTITASKING 테스트를 해보며 시간을 재서 데이터로 증명하라.
• 마음을 쏟고 있는 일이 있다면 그 일에만 집중하자.

UPTIME

PART 4

자기화 원칙

벼리지 않으면 내 것이 아니다

Chapter 15

관계:
협업과 존중을 위한 경계선

    지금까지 가장 중요한 과업을 선별하고, 그 일을 하기 가장 좋은 때와 장소를 찾아보았다. 모든 준비를 했으니 이제 확실하게 수행할 일만 남았다. 어떻게 하면 가능한 한 최선의 방식으로 일을 완수할 수 있을까?

    이 단계에서는 다른 사람과 함께 일하는 방법을 재정립해야 한다. 비눗방울 속에 고립되어 홀로 일하는 사람은 없다. 그러니 최적의 시간에 제대로 일하기 위해 다른 사람과 어떻게 협업할지 계획을 세워야 한다.

　많은 사람은 다른 사람과 협업할 때 두 가지 태도만 취할 수 있다고 생각한다. 굉장히 다가가기 어려운 '까다로운 사람'이 되거나 친절하고 언제든 다가갈 수 있는 '사회성 좋은 사람'이 되거나 하는 양자택일의 문제로 보는 것이다. 사실 하나만 택할 필요가 없다! 둘 다 될 수 있다. 당신의 시간을 보호하고 시간을 허투루 사용하는 일이 없으면서도 활발하게 협업하고 서로를 존중하는 친근한 관계를 유지할 수 있다.

　구글의 뉴욕 지사를 방문했다가 오랜 동료이자 친구인 마크와 우연히 마주친 적이 있다. 우리는 같은 팀에서도 일했고 서로 알고 지낸 지 오래됐지만 여전히 서로의 근황을 궁금해하는 친한 사이다. 그는 "잘 지냈어? 이렇게 보니 너무 반갑다! 밀린 이야기를 좀 해야지. 한번 시간을 잡자. 물론 만나서 논의할 안건은 미리 보내줄게." 마크는 내가 시간을 꼭 필요한 일에만 쓰는 사람이라는 것을 알고서 그렇게 말한 것이었다. 나는 안건이 없으면 회의를 수락하지 않는 사람으로 '브랜드'를 구축했고 하나의 경계로서 그 기준을 설정하는 데 성공한 것이다.

　"요즘 일이 너무 바빠서 시간을 내기 어려워", "나는 퇴근 후에는 절대로 메신저를 확인하지 않아"라고 직설적으로 말해서 경계를 설정할 수도 있다. 물론 그 말이 진실일지라도 나는 아주 천천히, 한 번에 한 단계씩 경계를 설정하는 것을 더 추천한다.

내게 상담을 받았던 한 고객은 새로운 일자리를 얻었는데, 전임이 인수인계를 하며 밤에도, 주말에도, 휴가에 가서도 계속 일했다고 귀띔해 주었다고 한다. 입사하기 전부터 사무실의 분위기가 그렇게 이어져 왔다는 것을 알게 되자 그의 마음이 편하지 않았다. 혼자서 완전히 다른 스타일로 일하면 너무 독선적으로 보일 것을 염려해 우리는 점진적으로 경계를 설정해 나가기로 했다.

처음에는 그도 새로운 역할에 적극적으로 임하다 보니 업무 시간이 아닐 때도 이메일과 문자에 답을 했다. 그렇게 몇 주가 지난 뒤부터 이메일과 문자에 한 시간 기다렸다가 답하고 동료들에게 가족과 저녁 식사를 하고 있으니 식사 후에 답장하겠다고 말하기 시작했다. 그러자 서서히 이튿날 아침 업무 시간 중에 답장을 보내는 방식이 자리 잡았다. 첫 번째 휴가에서는 하루에 한 번 이메일을 확인했지만, 그것도 서서히 휴가 중 1~2회로 줄어들었다. 약 1년이 지나자 동료들은 그의 업무 방식을 존중하고 그와 일하는 방식을 좋아하게 되었다. 그가 스스로 정한 경계대로 일한다는 것을 주위 사람들이 알 수 있도록 서서히 스타일을 전환해서 얻은 결과였다. 이듬해 그는 승진했다. 아마도 그가 해내야 할 역할에 시간과 에너지를 쏟아붓고 다운타임에 충분한 휴식과 이완을 하며 긍정적인 선순환을 불러일으켰기 때문일 것이다.

서로의 관계에 경계선이 느껴지는 지인을 떠올려보자. 경계가 있다는 이유로 그를 좀 더 존중할 수도 있다. 가령 내가 좋아하는 사진작가는 화요일과 목요일에는 가족사진만 찍고 수요일에 편집하고 주말에는 결혼식 촬영을 한다. 내 입장에서야 주말에 촬영을 부탁하고 싶지만, 그가 자신의 작업 완성도를 위해 자신의 일정을 그렇게 잡아두었기 때문에 그의 작업 방식을 존중한다. 경계를 확실하게 지키는 그를 보면 오히려 나는 그가 프로이며 시간을 계획성 있게 사용한다고 느낀다. 자신의 일정에 따라 찍은 사진이 훨씬 더 훌륭할 거라 확신한다. 이렇게 경계를 설정하면 그는 좀 더 균형 잡힌 상태에서 편집을 하고 더 좋은 결과물을 내놓을 수 있을 것이다. 그리고 그의 스케줄을 기꺼이 이해해 줄 고객을 더 많이 유치할 수 있을 것이다.

경계를 지키는 것은 자기 자신을 지키는 일이자 자신의 작업의 완성도를 높이는 방법이다. 경계를 세우는 일은 지금 막 새로운 곳에서 일을 시작했거나, 원래 작업을 많이 하다가 일정을 줄이려는 사람에게 특히 어렵다. 어떻게 하면 팀과 동료들의 스케줄보다 나의 작업을 더 우선시하면서도 동시에 그들의 일을 존중하고 협조적 태도를 보이면서 필요할 때 기꺼이 도움을 주는 친절한 사람이 될 수 있을까? 미묘한 문제에서 균형을 잡기란 쉽지 않지만, 분명 달성할 수 있다.

내가 코칭을 시작할 때 처음으로 묻는 '당신의 3대 우선 사항은 무엇인가'라는 질문에 더해 또 다른 질문 가운데 하나는 '당신이 스스로 정한 세 가지 경계는 무엇인가'이다. 이 질문에 대한 반응을 보면 이 일에 대해 얼마나 많이 생각해 봤는지를 바로 알 수 있다. '경계'를 정한 사람이 있는가 하면 아예 생각해 본 적이 없는 사람도 있다. 다음은 내가 본 경계의 예시로, 현실적이고 대단히 효과적이다.

– 모든 회의를 오전 8시부터 오후 4시 사이에 잡는다.

– 아이들을 데리러 가기 위해 매일 5시에 퇴근한다.

– 매일 점심에 개 산책을 시킨다.

– 월요일부터 목요일까지 회의를 하고 금요일에 혼자 집중해야 하는 일을 한다.

– 분기별로 한 주간 네트워킹 회의를 한다.

경계를 갖는다는 말이 그 경계를 넘는 일이 절대로 벌어지지 않는다는 뜻은 아니다. 80퍼센트 정도의 시간은 경계를 지키고 있다는 뜻이다. 대부분의 시간 동안 경계를 지키기만 해도 큰 차이를 낳는다. 어느 정도만이라도 이 변화를 유지하려고 하면 긍정적인 효과를 낳는다. 경계 목록을 작성하고 정하기만 해도 당신에게 무엇이 가장 중요한지 생각하는 데 도움이 된다. 아울러 당신이 시간과 에너지를 투자할 때 무엇이 가장 높은 수익을 보장하는지도 확실하게 알 수 있다. 사람마다 경계가 다르니 스스로 정하는 게 아주 중요하다.

긍정적 프레이밍의 효과

10년째 운동 교실을 운영해 온 나는 마이크에 대고 말할 때 항상 긍정적으로 말하려고 노력한다. "무릎을 굽히지 마세요"라고 말하면 "다리를 펴세요"라고 말할 때보다 듣는 사람이 더 많은 생각을 해야 한다. 긍정적인 언어를 사용하면 뇌가 딱 하나, 즉 '무엇을 해야 하는지'에만 집중할 수 있다. 나는 직장 내의 소통에서부터 코칭, 양육에서까지 이 방법이 통하는 걸 숱하게 목격했다. 아이에게 "소리 지르지 마!" 대신 "조용히 해"라고 말하면 그 효과가 바로 나타난다.

경계와 접근성을 연결하는 다리는 바로 올바른 소통이다. 경계를 알리는 최고의 방법은 긍정적인 관점에서 프레이밍하는 것이다. 위의 모든 예시에서 '경계'는 '하지 말아야 할 일'이 아니라 '해야 할 일'을 더 강조한다는 것을 알 수 있다. 자신의 경계선을 알릴 때 다음 페이지의 표와 같은 방식으로 전하는 것이 좋다. 같은 경계라도 긍정적인 관점에서 말하면 훨씬 더 좋게 들린다. 이렇게 말하면 듣는 사람은 당신이 '할 수 없는 일'보다 '할 수 있는 일'에 초점을 더 맞추게 된다.

경계선은 널리 알려라

경계를 설정하고 긍정적인 언어로 프레이밍하고 나면 상

황이 닥칠 때마다 되풀이해서 말하지 않기 위해 많은 사람에게 적극적으로 알리는 게 최선이다. 이를 위한 최선의 방법은 사내 프로필 페이지, 이메일 서명란 등 가능한 한 모든 곳에 혹은 함께 일하는 사람들이 쉽게 볼 수 있는 곳에 게재하는 것이다. 또한 업무 흐름 안에서 경계를 몇 번씩 거듭해서 알릴 수도 있다. 나는 모호한 초대를 거절할 때 캘린더에 이런 노트를 남긴다. "저는 안건이 있는 회의에만 참석합니다!"

엔지니어링 상임 부사장인 우르스 회즐을 비롯해서 구글의 리더 두 사람은 일종의 '사용자 매뉴얼', 즉 '나와 함께 일할 때 읽어야 할 안내문'을 만들어 널리 유포했다. 우르스는 이를 통해 그의 업무 스타일, 선호하는 회의 방식을 설명해 두었다. 그는 사내 프로필 페이지에 이 매뉴얼 링크를 걸어두었고, 다른 사람이 볼 수 있도록 항상 업데이트한다. 타인과 함께 일할 때 막연한 추측을 없앨 수 있는 훌륭한 방법이다.

당신의 현재 우선 사항과 경계뿐만 아니라, 당신이 언제 어떻게 소통하는 걸 좋아하는지도 확실하게 밝혀두는 것이 좋다. 이메일, 메시지, 회의 혹은 전화 통화 등 다양한 방법 중 당신이 가장 편하게 느끼는 소통 방법을 표시해 두면 도움이 된다.

〈경계 프레이밍 비교〉

경계의 부정적 프레이밍	경계의 긍정적 프레이밍
나는 금요일에 회의를 하지 않습니다.	월요일부터 목요일 사이에 회의가 가능합니다.
주중에는 텔레비전을 보지 않습니다.	토요일과 일요일에 텔레비전을 봅니다.
업무 시간 외에는 문자를 하지 않습니다.	아침 7시부터 오후 5시 사이에 문자를 보내도 됩니다.
이번 주에는 커리어 상담을 하지 않습니다.	매달 세 번째 목요일에 커리어 상담을 합니다.
주말에는 가족사진을 찍지 않습니다.	화요일이나 목요일에 가족사진을 찍습니다.
매일 5시에 퇴근해야 합니다.	오후 5시 전에 사무실에서 만날 수 있습니다.
이제 새로운 고객을 받지 않습니다.	5월부터 새로운 고객을 받을 예정입니다.
24시간 내에는 계약서 검토를 받을 수 없습니다.	48시간 내에 모든 계약서를 검토합니다.
주중에는 이 주제에 대해 만나 대화할 시간이 없습니다.	금요일 오후에 나와 이 주제에 대해 대화할 수 있습니다.

일이 몰리고 바빠지면 누구나 심리적 압박을 크게 느낀다. 사람들이 당신에게 이메일을 보냈지만 확인이 늦어지면, 그들은 당신의 캘린더에 회신해야 할 마감 기한을 추가할 것이다. 캘린더에 추가할 공간이 없다면 답변을 해달라고 메시지를 보낼 것이다. 당신이 선호하는 소통 방법을 명확하게 정의해 두면 불필요한 오해를 최소화할 수 있다. 가령 당신은 이메일 확인을 자주 하지 않고 대신 출근하자마자 5분간 빠르게 훑어보고서 일을 시작한다면 애초에 이 방식을 공표해서 미리 압박에서 벗어날 수 있다. 업무 스타일과 선호하는 소통법은 서로에게 좋은 출발점이다. 공개적으로 게시하거나 팀원들과 공유한다면 오해를 줄일 수 있다.

만일 이런 방법이 당신의 일터에서는 일반적이지 않은 관행이라면, 가까이 일하는 팀원이나 상사에게 경계나 선호하는 업무 스타일을 공유하는 것에서부터 작게 시작해 보자. 팀 회의가 있을 때 논의하는 것도 방법이다. '카일은 그의 캘린더에 뭔가를 추가하기 전에 이메일을 받는 걸 선호한다. 마얀은 가능하다면 회의 사이에 30분 휴식을 갖고 싶어 한다'

와 같이 팀원들이 무엇을 선호하는지 목록을 작성해 보자.

협력의 규칙 정하기

당신을 지킬 수 있는 경계를 세우는 것도 중요하지만, 그런 경계 안에서도 당신이 충분히 협력할 수 있는 사람이라는 걸 분명하게 알리는 것도 못지않게 중요하다. 언제든지 연락해서 소통할 수 있는 사람이 되려다 보면 더러 비효율이 발생할 수 있다. 하지만 시간과 에너지 포인트를 덜 사용하면서도 더 많은 협력을 이룰 수 있다.

① 유사한 회의를 하나로 묶는다

반복되는 유사한 회의들을 하나로 묶으면 경계를 유지할 수 있다. 나와 함께 일하는 한 임원은 여러 엔지니어링 그룹들과 각각 회의를 하지만 결국 모두 같은 질문을 한다는 걸 깨달았다. 엔지니어들의 입장에서는 질문에 대한 답을 받아야 하는 중요한 회의였지만 그의 입장에서는 일주일에 같은 회의를 세 번 하는 것이나 다름없었다. 이러한 회의들을 간단하게 정리할 수 있는 방법을 브레인스토밍했고, 세 회의를 통합해서 세 집단이 모두 질문을 할 수 있는 하나의 질의응답 회의로 만들기로 결정했다. 이러한 변화를 준 후 많은 엔지니어들이 서로가 비슷한 질문을 한다는 걸 알게 됐다. 아울러 더 많은 사람이 함께 질문을 하면서 더 많은 정보를 공유할 수 있게 되었고 브레인스토밍도 더 활발하게 이뤄져서 결과적으로 참석하는 모든 팀에 더 유익한 회의가 되었다. 일대일 회의가 너무 많으면, 2 대 1, 4 대 1 혹은 다수 대 1 회의로 통합할 수 있는지 살펴보자.

② 회의 시간을 줄인다

정기적으로 열리는 회의의 시간을 줄여 참석자들이 좀더 간결하게 발표해야 하는 환경을 조성할 수 있다. 원래 혁신은 부족할 때 발생하는 법이다. 나는 구글의 여러 활동 중 번개 토크를 좋아하는데, 이 활동에서는 참석자들이 한 장의 슬라이드를 띄워놓고 3분 동안 청중에게 뭔가를 가르친다. 새로운 아이디어를 설명하고 이에 대한 지지를 얻기도 하고 현재 진행 중인 프로젝트를 널리 알리기도 한다. 3분이 지나면 자동으로 다음 슬라이드로 넘어가서 발표자는 무대에서 그야말로 '쫓겨난다'. 청중은 다음 슬라이드가 뜨면 크게 박수를 쳐서 발표자에게 무대를 떠날 시간임을 알려준다.

발표자가 자기에게 주어진 시간이 3분밖에 없다는 사실을 알 때 얼마나 많은 것을 전달하는지 보면 놀라울 정도다. 우선 발표에서 군더더기가 사라진다. 슬라이드 한 장에 가장 중요한 요소만이 담긴다. 시각적으로도 간결하고 자극적이다. 인상을 남길 수 있는 기회가 한 번뿐이니 참가자들은 그 기회를 백분 활용한다. 전달되는 정보가 간결하고 불필요한 내용은 듣지 않아도 되어서 당연히 청중의 집중도도 아주 높다. 길고 과도하게 복잡한 광고보다 짧고 정보가 응축되어 있는 광고를 소비하는 게 훨씬 쉽다.

③ 동시에 한다

정신을 분산시키지 않는 일을 하면서 동시에 회의를 하거나 일을 하면 적은 시간으로 더 많은 일을 할 수 있다. 평소 점심을 먹고 산책을 한다면 걸으면서 간단한 회의를 하거나 근황을 물을 수 있다. 자녀의 축구 연습 동안 차에서 기다려야 하면 그때 통화할 수 있지 않을까? 항상 미리 해야 할 일들을 염두에 두고 그 일들 사이에 다른 일들을 어떻게 끼워 넣을지 생각하면 좋다.

거절이 쉬워지는 경계 설정

경계를 명확하게 설정하고 확실하게 알리면 거절을 훨씬 적게 하게 된다. 사람들에게 나는 집중하기 위해 금요일 오전 은 반드시 비워둔다고 대놓고 말하고 캘린더에 그 시간을 설 정하자, 금요일에 열리는 회의를 거절할 필요가 없어졌다. 아 무도 그때 회의를 잡지 않기 때문이다. 나는 시급한 문제에 대해서만 문자를 사용하길 원한다고 명시했기 때문에 업무 문자를 거의 받지 않으며, 모든 요청이 이메일을 통해서만 들 어온다.

누군가가 경계를 넘을 때마다 그것을 언급하는 게 좋다. 그래야 당신이 거절하는 이유가 분명해져 그런 일이 반복될 가능성이 줄어든다. 가령 이렇게 말할 수 있다. "잊었을까 봐 하는 말인데, 나는 7시 전에 잡힌 회의에만 참석해요. 그러니 이 회의에는 가지 않을 거예요." 혹은 "제 사용자 매뉴얼을 보면 알겠지만, 저는 이메일로 먼저 자료를 살펴보고 논의한 후 회의를 잡는 걸 선호합니다. 그러니 당신의 생각을 이메일로 보내주시면 제가 보고 시간을 잡을 필요가 있는지 답하겠습니다."

경계를 설정하면 거절을 개인적인 문제로 받아들이는 일이 줄어든다. "나는 이 회의만 거절하는 게 아니라 7시 이후의 회의는 모두 거절한다", "업무 시간 외에 온 당신의 메시지를 무시하는 게 아니다. 나는 이곳에서 일하기 시작했을 때부터 지금까지, 업무 시간 중에만 메시지에 답하고 있다"라고 구체적으로 말하는 것이다. 경계가 있으면 체계가 생겨서 정신적 명료함을 유지하는 데도 도움된다.

유연성도 생긴다. 스케줄에는 항상 당신이 통제할 수 없는 일들이 생기기 마련이다. 만일 상사가 당신이 선호하지 않는 시간에 만나자고 요청하면, 그 면담을 위해 일정을 조정할 수도 있다. 요점은 당신이 통제할 수 있는 일들에 대해 경계와 선호를 정하는 것이다. 예컨대 당신을 멘토라고 여기는 누군가가 만나자고 요청하면, 스케줄에 30분짜리 약속을 하나 더 만드는 대신 이미 휴식을 취하며 식사를 하기로 계획해 둔 시간에 점심을 함께하자고 제안할 수 있는 유연성이 생긴다. 경계를 세우는 이유는 스케줄에서 당신이 통제할 수 있는 일에 초점을 맞추고 그것을 백분 활용하기 위해서다. 기업마다 문화가 다 다르기 때문에 당신의 경계와 업무 스타일이 일반적이지 않은 기업에서 일한다면 아주 작은 것에서부터 시작하면 된다.

경계를 뚜렷하고 신중하게 설정하는 일은 당신의 시간, 에너지, 집중력, 통찰력을 보호하기 위해 무척 중요하다. 솔직한 경계가 있으면 동료들과 더 성공적으로 협업할 수 있어서 효율과 창의성을 최대한 끌어올릴 수 있다. 정말 잘 세운 계획은 그 자체로 이점이 있다.

업타임 실천 전략

- 스스로 정한 세 가지 경계는 무엇인가? 긍정적인 서술문으로 적어보자.
- 나의 업무 스타일을 담은 '사용자 매뉴얼'을 짧게 작성하고 널리 공유하거나 아니면 팀원과 동료에게라도 공유한다.
- 캘린더를 보고 같은 에너지를 투자해서 더 많은 것을 얻어낼 수 있는 방법을 강구한다. 여러 회의들을 통합하고 줄이거나 재배치한다.
- 거절할 때 당신의 경계나 사용자 매뉴얼을 언급해서 다른 사람이 그것이 무엇인지 알게 하라.

Chapter 16

계획:
계획에도 계획이 필요하다

　　많은 사람이 '계획'이라는 단어만 들어도 거부감을 느낀다. 자연스러움이 없다는 느낌이 들거나 엄청나게 많은 시간을 계획하는 데에 쏟아붓는 장면이 떠오르거나 지루하고 힘든 일이라고 생각한다. 아마도 당신은 스스로를 계획형 인간이 아니라고 말할지 모른다. 하지만 계획을 세우는 일이 꼭 고통스러울 필요는 없다. 계획을 짜는 것은 설레는 마음으로 미래를 준비하고, 일과 삶에서 최선을 다하는 일이다.

지금까지 많은 방법들을 소개했다. 리스트 작성 전술, 캘린더 재정비 기술, 일과 설정 전략 등등. 과업을 완수하기 위해 무엇을 할지, 언제 어디서 할지를 정하는 법도 다뤘다. 이 모든 것들을 더 효과적으로 해낼 수 있는 유일한 방법은 닥치기 전에 미리 계획을 세우는 것이다.

해야 할 일을 실행하는 건 생산성의 5C에서 닫기(Close) 단계에 해당되므로 어떠한 전술, 도구, 전략 못지않게 중요하다. 열어둔 루프를 모두 닫겠다고 결심하고 실제로 그렇게 하기 위해서는 사전에 계획을 세워야 한다. 루프들을 신중하게 생각해 보고 실행으로 옮길 준비를 하는 것이다. 계획 세우기는 할 일을 글로 적거나 미리 훑어보는 것 이상으로 에너지가 소요되는 훈련이다. 계획은 의도를 위해서도 아주 중요하다. 일을 하기 직전에 계획을 세우는 건 망하는 지름길이다. 반대로 일이 벌어지기 전에 계획을 준비하는 게 성공에 이르는 길이다. 계획 세우기는 미래의 당신과 직접 이어지는 연결점이기 때문이다. 바로 전날 밤 몇 분만 시간을 들여 계획을 세우면 큰 차이를 불러일으킬 수 있다.

⊘ **우리의 하루는 전날 밤부터 시작된다.**

스며들 시간이 필요하다

오후 4시에 저녁으로 닭 요리를 먹어야겠다고 결심하고 닭에 소금과 양념을 뿌려 바로 그릴에서 구워낼 수 있다. 하지만 전날 밤에 닭을 구울 계획을 세우고 밤사이 당신이 좋아하는 양념에 재워두어 다음 날 저녁 그릴에 굽기 전까지 충분히 배어들게 했다면 어떨까? 식사를 위한 계획을 미리 세우면 음식에 더 풍미가 생기고 당연히 더 맛있어진다. 한두 가지 준비 단계를 더하면 결과물의 질이 완전히 달라지는 것이다. 게다가 닭이 숙성되는 동안 요리가 얼마나 맛있을지 기대감이 샘솟기도 한다. 한 달 동안 피지 여행을 계획하는 대신 당장 내일 아무런 준비 없이 떠나기로 했다면 수영복을 고르고, 피지의 사진을 찾아보고, 스노클링을 예약하며 여행을 계획하는 시간을 모두 날려버리는 것이다. 즉흥적인 여행이 주는 즐거움도 물론 있지만, 사전에 여행 계획을 세우면 즐거움이 점점 쌓인다. 저녁 식사든 휴가든 하루 일과든 계획을 세우면 모든 게 더 풍성해진다.

계획을 세우면 과업이 충분히 스며들게 되어 과업의 가치가 배가된다. 일일 리스트를 하루 전날 작성하면 10~12시간 동안 정신적인 준비를 하며 이튿날을 대비할 수 있다. 오전 10시에 어떤 일을 할지 이미 알고 있다면 그 활동으로 전환해야 하는 시간인 9시 59분에 하기 싫은 마음이 훨씬 줄어든 채로 일에 전념할 수 있다. 이미 그 일을 할 준비가 되어 있기 때문이다. 그 일을 할 거라는 생각에 이미 익숙해져 있고 심지어 이미 그 과업을 위해 내가 좋아하는 몇 가지 아이디어까지 브레인스토밍했을 수도 있다. 계획 세우기는 뭔가를 시작하는 것에 대한 저항심을 낮추는 또 다른 방법이다. 이미 뇌가 그 일을 하도록 설정되어 있기 때문에 뇌가 놀라지 않고 다음 활동으로 전환할 수 있다.

회의 안건을 미리 정하면 회의의 질이 높아진다. 예를 들어 상사와의 1 대 1 정기 점검 자리에서 당신은 큰 그림을 다루는 커리어 상담을 하고 싶은 반면 상사는 당신이 맡은 프로젝트에 관한 현황을 업데이트하는 통상적인 회의라고 생각할 수 있다. 회의가 시작되었을 때 당신이 커리어에 대한 말을 꺼낸다면 상사도 방향을 바꿔 커리어에 대한 대화를 이어갈 수 있겠지만, 그의 에너지는 완전히 다른 장소에 있어서 기어를 변경해야 한다. 그러니 최고의 대화를 할 수 있는 기회를 놓친 것이다. 이런 문제는 미리 안건을 공유하는 것으로 간단하게 해결된다. 안건을 미리 공유하면 관리자는 당신의 커리어에 대해 적절한 의견을 정리할 수 있다.

X를 볼 때 Y를 계획하라

'X를 볼 때 Y를 계획하는 공식'을 이용하면 계획 습관을 들이기 쉽다. 이 공식을 사용하면 당신의 뇌는 X를 발견할 때마다 Y에 관한 준비를 확실히 할 수 있게 X와 계획을 연관 짓는다. 나는 이 공식을 이렇게 사용한다.

- 수신함에서 회의 초대 메일을 발견하면, 그 회의를 준비하는 데 필요한 시간을 알기 전까지 그 메일을 삭제하지 않는다.
- 프로젝트의 기한을 보면, 프로젝트를 완수하기 위해 일로 돌아가고 기한을 주요 리스트에 포함시킨다.
- 생일 파티나 행사에 초대받으면, 회답을 하지만 선물을 미리 사두기 전까지 초대장을 버리지 않는다.
- 부엌이나 팬트리에 뭔가가 떨어지면, 장보기 리스트에 추가할 때까지 빈 용기를 싱크대 위에 꺼내둔다.

– 선물이나 멋진 편지를 받으면, 감사 노트를 쓰기 전까지 선물 상자나 봉투를 꺼내둔다.

계획은 세우면 세울수록 지키기가 더 쉬워진다. 일단 한 두 차례 계획을 세우고 나면 과업들이 얼마나 오래 걸리는지, 언제가 일정을 잡기에 최적의 시간인지, 어떤 일이 끼어들지 파악하기가 수월해진다. "이번 회의 전에 자료를 충분히 준비하고 정신 무장을 할 시간을 따로 갖지 않는다면 미래의 내가 미쳐버릴 거야. 그러니 단단히 준비를 해야지" 혹은 "이 모든 회의를 하고 나면 미래의 나는 완전히 지쳐버릴 거야. 그러니 그날은 편안한 밤을 보낼 계획을 세워야지"처럼 말이다.

당신은 이제 계획을 신뢰하기 시작했으니 기억력에 의지할 필요가 없다. 계획을 세우면 마음이 이완되어 새로운 아이디어를 내놓을 가능성이 커진다. 왜냐하면 해야 할 모든 업무와 그 일을 시작할 타이밍을 떠올리며 신경이 곤두서지 않기 때문이다. 계획을 세우면 마음에 자유로운 여백이 생겨 새로운 루프가 열리고, 일을 제대로 해낼 거라는 편안한 마음과 확신이 든다.

계획 세우기는 두려워하거나 피해야 할 활동이 아니다.

에너지와 열정을 키워주고 미래로 인도하는 필수적인 활동이다. 말할 것도 없이 시간을 들여 계획을 세우면 대개 장기적으로 더 많은 시간이 절약된다. 계획 세우기는 현재의 당신이 미래의 당신에게 줄 수 있는 최고의 선물이다.

업타임 실천 전략

- 하루 전이나 일주일 전에 일일 리스트와 주간 리스트를 작성하고 당일이 되었을 때 그 리스트가 당신의 마음을 어떻게 움직이는지 지켜본다.
- X를 볼 때 Y를 계획할 수 있는 계기를 몇 가지 만든다. 일이 발생하기 전에 해야 할 일에 대한 계획을 세우는 습관을 유발하는 것이어야 한다.
- 한두 주 앞서 계획을 세우고 그것이 내 에너지, 미루는 습관, 의도에 어떤 변화를 가져오는지 살펴본다.

Chapter 17

회의: 적을수록 좋다

2017년 《하버드 비즈니스 리뷰》가 실시한 설문조사에 따르면 임원들은 주당 평균 23시간을 회의에 쓴다. 1960년 대에는 열 시간 미만으로 조사되었는데 그에 비해 크게 늘어난 수치다. 매사추세츠공과대학교(MIT)의 《슬론 매니지먼트 리뷰》에 실린 한 기사는 평범한 직장인이 화상이든 대면이든 일주일에 여섯 시간을 회의에 사용하는 반면 감독자들은 비감독자보다 회의에 더 많은 시간을 사용하며, 회의가 요구하는 시간은 직급이 올라갈수록 기하급수적으로 증가한다고 밝혔다. 업무에서 많은 시간을 차지하는 만큼 회의의 질이 올라갈 때 직원들이 일에서 느끼는 행복감과 만족도도 상승한다. 회의에 얼마나 많은 시간을 쓰는지와 상관없이 회의에서는 시간을 아주 훌륭하게 사용해야 한다.

필요한 회의인가?

첫 단계로, 이 회의가 정말 필요한지 생각해 보자. 이메일이나 채팅으로 대신할 수 있는 회의가 아주 많다. 많은 사람을 한날한시에 같은 방에 모으려면 애를 많이 써야 하기에 회의 시간은 가치가 높다. 열 명이 둥글게 둘러앉아 회의를 한다고 생각해 보자. 각자 돌아가며 앞으로의 한 주에 대해 3분간 발표한다. 하지만 같은 내용을 이메일로 작성하고 공유해서 회의를 대체할 수도 있다. 이렇게 하면 개개인이 편한 시간에 이메일을 읽는 데 5분이 채 걸리지 않을 것이다. 반면 같은 결과를 얻기 위해 회의가 열린다면 모두에게서 25분 이상을 앗아간다.

기회비용도 고려해야 한다. 하나를 얻으면 하나를 잃는 것이다. 회의를 수락하는 건 뭔가 다른 일을 할 수도 있는 시간이 회의로 채워진다는 뜻이다. 그러니 회의에 참석하는 것이 그 순간 당신의 시간을 가장 잘 사용하는 일이어야 한다. 그렇지 않다면 회의를 하기 위해 다른 뭔가를 포기할 이유가 없기 때문이다. 회의를 꼭 해야 한다고 판단했다면, 목적 (Purpose), 안건(Agenda), 결과(Result)를 반드시 충족하는 회의여야 한다.

① 회의가 P.A.R.에 맞는가? - 목적(P)

이 회의는 왜 잡혔으며 어떤 종류의 회의인가? 모든 회의에는 목적이 있어야 하며, 그 목적을 사전에 참석자들과 공유해야 한다. 대표적인 회의의 목적에는 다음 표와 같은 네 가지 유형이 있다. 일정을 짤 때 회의에 이름을 붙이면 당신을 비롯한 참석자들이 회의 전후로 생각해야 할 것이 무엇인지 결정하는 데 도움이 된다. 물론 회의의 목적은 하나 이상의 유형들이 결합될 수도 있으며, 참석자들에게 모든 목적이 명확하게 전달되는 것이 좋다.

〈회의의 종류〉

정보 공유형	조직의 위아래로 정보를 공유한다. 꼭 대화나 피드백, 의사 결정을 위해서가 아니라 단지 참조로 공유한다.
창의적 토론형	브레인스토밍. 모여서 여러 아이디어, 상황에 대한 대응이나 새로운 전략을 도출한다. 꼭 의사결정을 내릴 필요는 없다.
합의 결정형	회의에서 안건에 대해 결론을 내리고 변화가 발생한다.
교류형	온라인, 원격, 하이브리드 근무 시대에는 때론 교류가 회의의 유일한 목적이 된다.

② 회의가 P.A.R.에 맞는가? – 안건(A)

다른 사람들이 회의가 필요한지 판단하는 데 도움이 되고 회의를 미리 준비할 수 있도록 사전에 안건을 정해서 배포한다. 안건을 미리 알면 회의 현장에서 아는 것보다 훨씬 유익하다. 안건의 긍정적인 효과는 다음과 같다.

– 회의 현장에서 생각하는 게 아니라 미리 생각한 후 회의에 참석하게
　되고, 회의 내용을 사전에 처리할 기회가 있다.

– 아이디어와 적절한 에너지를 갖고 참석한다.

– 시간 활용이 극대화되어 시간 낭비를 피할 수 있다. 발표자들은 시간이 얼마만큼 주어지는지 안다.

– 안건에 따라 참석자들이 미리 참석 여부를 결정하고 대리인을 보낼 수 있으므로 항상 있어야 할 사람들만 참석한다.

– 에너지가 꼭 필요한 곳에 집중되어 모두가 적절한 마음가짐으로 안건의 항목들에 대해 논의한다.

– 읽거나 검토해야 하는 자료를 미리 보내기 때문에 모든 참석자들은 같은 내용을 이해하고 있다.

– 회의에 참석한 사람들이 과업에 대한 책임의식을 갖게 된다.

안건의 긍정적인 효과는 이토록 크지만 부정적인 효과는 단 하나도 떠오르지 않는다. 회의의 목적과 회의 후 결과를 정리할 수 있도록 내가 구글 직원을 위해 만든 회의록 예시를 옆 페이지에 제시했다. 현재 구글에서 널리 사용되는 템플릿이다.

③ 회의가 P.A.R.에 맞는가? – 결과(R)

당연히 회의에서 가장 중요한 부분은 결과다. 이 회의의 성공적인 결과는 무엇일까? 회의가 성공적이라면 기대하는

〈목적-안건-결과를 작성하는 회의록〉

회의 제목
임의 참석자

목적
(정보 공유, 의사결정, 브레인스토밍, 교류 가운데 택일)

사전 작업이나 사전에 숙지해야 할 문서
(이를 위해 얼마나 많은 시간이 소요되는지도 안내한다. 예: 읽는 데 8분 소요)

기대하는 회의 결과
(이 회의의 성공적인 결과는 무엇인가?)

안건
- 지난 회의의 실천 항목들을 검토한다(해당 사항이 있다면)
- 안건 항목 1: 회의 책임자 발표(배정 시간 — 예: 10분)
- 안건 항목 2(배정 시간 — 예: 10분)

결과

_____

_____

후속/실천 항목
- 실천 항목(책임자 배정)
- 실천 항목(책임자 배정)
- 실천 항목(책임자 배정)

회의의 결과와 실제 회의의 결과는 동일할 것이다. 많은 사람이 회의를 단순히 '거쳐야 할 다음 단계'처럼 여긴다. 하지만 회의를 주최하는 사람이 시간을 들여 성공적인 회의란 무엇일지 구상하지 않았다면, 아직 다른 사람에게 시간을 내달라고 요청하지 말아야 한다. 그리고 진행된 회의가 성공적인 결과에 도달하면, 그 결과를 참석자들에게 명확히 알려서 회의를 한 번 더 정리하는 것이 좋다. 회의 결과를 쓸 때 고려해야 할 사항은 다음과 같다.

- 내려진 결정이나 결론은 후속 보고 혹은 정리를 위한 소통에서 분명하게 명시한다. 그런 결정이 내려진 과정과 이유를 참석하지 않은 사람을 위해 알린다.
- 다음 단계와 실천 항목들은 기한과 함께 명확하게 정하고 전달한다.
- 공유되어야 하는 메모나 기록 혹은 회의록을 참석하지 않은 사람과 임의 참석자들에게 모두 보낸다.

회의를 주최하고 싶다면, 일정을 잡기 전에 반드시 PAR 조건을 충족해야 한다. PAR 조건에 맞지 않는 회의에 참석해야 한다면 안건을 알려주거나 목적을 명시해 달라고 정중하

게 요청한다. 그러면 주최자가 회의의 방향을 다시 설정하는
데 도움이 될 것이다.

최소한의 인원만 참석하면 된다

회의 주최자는 회의의 목표를 달성하기 위해 참석자의
수를 최소한으로 잡아야 한다. 초대된 모든 사람은 안건에 가
치를 더하거나 새로운 아이디어를 얻거나 아니면 둘 다 할 수
있어야 한다. 참석자 명단을 처음 작성할 때는 '불편할 정도
로 적게' 작성하는 것이 좋다. 그래야 가장 적은 수의 참석자
를 목표로 잡고 시작해야 한다는 사실을 잊지 않을 수 있기
때문이다. 처음에는 가장 적은 수로 명단을 작성한 뒤 더 많
은 참석자가 필요한지 여부를 계속 평가하며 추가하면 된다.
회의 유형에 따라 집단의 크기도 달라진다. 적극적으로 참여
할 사람들만 명단에 포함시켜 보자. 회의에서 무슨 일이 있었
는지 알고 싶어 하는 사람들은 회의록과 같은 후속 노트와 요
약을 읽으면 원하는 정보를 수집할 수 있다.
어떤 팀원이 참석할지 알 수 없다면 먼저 그 팀에 물어서

특정 개인을 '임의 참석자'에 추가하는 게 좋다. 임의 참석자 명단에 있는 사람은 누구나 안건을 보고 자신이 그 회의에 참석하는 게 적합한지 판단할 수 있고 더 적합한 다른 누군가를 추가할 수도 있다. 또한 임의 참석자 명단을 작성하면 '이 사람을 초대하는 게 맞나?' 하는 고민을 줄일 수 있을 뿐만 아니라 '초대했으니 꼭 참석해야겠지?'와 같은 의구심도 피할 수 있다.

> ⊘ 누군가 회의에 참석했는데
> 회의 내내 한마디 말도 없이 노트북만 사용한다면,
> 그는 그곳에 있을 필요가 없다.

　의사결정을 위한 회의는 소규모로 진행하는 게 중요하다. 『결정하는 조직 행동하는 조직』에서 저자 마르시아 블렌코와 마이클 맨킨스, 폴 로저스가 실시한 연구에 따르면, 일곱 명을 기준으로 거기에 한 명씩 추가될 때마다 회의에서 나누는 의사결정의 유효성이 10퍼센트씩 줄어든다고 한다. 회의 참석자를 떠올릴 때는 일곱 명을 기준으로 잡아보자.
　바쁜 게 미덕인 시대는 가고 이제 균형과 경계의 시대가 왔다. 회의 안건에 중요한 요소들을 모두 포함시켰는데 누군가 참석을 거절한다면 그 사람의 의사를 존중해야 한다. 회의에 참석하는 건 명예 훈장이 아니다. 그들은 자신이 적임자가 아니거나 시간을 잘 활용하는 게 아니라고 판단했다는 뜻이며 당신도 참석할 필요가 없는 다른 회의에 대해 그렇게 할 수 있다고 느껴야 한다.

짧은 회의를 목표로 한다

적어도 처음에는 불편할 정도로 짧은 회의를 목표로 삼아야 한다. 우리는 필요 이상으로 회의를 길게 하려는 경향이 있으므로 처음부터 짧은 회의를 목표로 삼으면 대개 적절한 시간에 끝난다. 영국의 행정학자 이름을 딴 '파킨슨의 법칙'에 따르면 업무를 마치는 데 걸리는 시간은 업무에 할당된 마감 시간만큼 늘어나기 마련이다. 이는 회의도 마찬가지다. 한 시간으로 잡힌 회의에 참석하지만 정해진 안건을 다루는 데 약 47분이 걸리고, 그다음에 누군가가 안건과 무관한 항목을 꺼내어 대화가 산으로 가고, 그것을 깨닫기 전에 이미 회의는 정해진 시간에서 10분을 초과한다! 회의를 짧고 간단명료하게 유지하면 이러한 상황을 피할 수 있다.

회의는 30분이 적당하다. 당신이 좋아하는 30분짜리 시트콤이나 드라마, 유튜브 영상을 떠올려보자. 나는 NBC의 시트콤 〈더 오피스〉를 자주 떠올리는데, 회의 일정을 잡을 때 안건을 살펴보며 이렇게 생각한다. '이 안건에 담긴 항목들을 논하기 위해 시트콤의 에피소드 한 편이 전부 필요할까?' 만일 안건이 하나뿐이라면 답은 '아니다'가 된다. 30분은 한 주제에 대해 이야기를 나누기에 너무 긴 시간이다.

15분짜리, 45분짜리 회의도 가능하다. 한 시간짜리 주간 회의를 45분으로 줄이면 한 달에 한 시간을 벌 수 있다. 계속 반복되는 회의가 있다면 각각의 회의를 더 면밀하게 살펴보자. 어떤 주에 할 말이 많다 해도 정해진 시간을 준수하고, 안건의 수가 줄어든 주가 있다면 회의 시간을 과감하게 줄이거나 주최자에게 줄여달라고 요청한다. 회의 주최자라면 적절할 때 회의를 취소하고 줄임으로써 다른 사람들에게 당신이 그들의 시간을 소중히 여기고 있음을 명확하게 알릴 수 있다.

후속 보고

회의의 유형마다 후속 보고(follow-up)가 필요한 경우가
다 다르다. 불릿 기호로 핵심을 요약해서 중요한 내용과 링크
를 걸고 기한이 명시된 명확한 실천 항목을 제시하는 게 가장
중요하다. 앞에서 말한 네 가지 유형의 회의에 대한 후속 보
고는 다음과 같다.

〈회의 유형에 따른 후속 보고〉

정보 공유형	후속 보고에는 회의 때 공유된 정보와 추가적인 정보 획득을 위한 링크나 정보가 포함된다.
창의적 토론형	브레인스토밍 후 논의된 내용과 회의 후 혹시 떠오른 추가 아이디어를 송부할 곳, 그리고 논의한 정보를 토대로 의사 결정을 내려야 한다면 언제 어떻게 결정을 내릴 것인지를 모두 요약한다.
합의 결정형	어떤 결정이 내려졌는지, 언제 어떻게 변화의 효력이 발생할지를 담는다. 이렇게 하면 언제 어떻게 결정이 내려졌는지를 명확하게 알 수 있어 회의 이후에 발생할 수 있는 혼란을 피할 수 있다.
교류형	후속 보고에서는 회의에서 다룬 모든 것을 재확인한다. 회의의 목적이 네트워킹이나 기회의 탐색이었다면 교류를 강화하고 다음번 교류를 위한 날짜를 정한다.

회의가 끝난 뒤 후속 보고를 해야 하거나 할 일이 생겼다면 리스트 깔때기에 바로 추가한다. 당일에 끝내야 하는 일이라면 일일 리스트에서 반영할 공간을 찾는다. 그 주가 끝나기 전에 해야 할 일이라면 주간 리스트에 포함시킨다. 기한이 일주일 넘게 남아 있다면 주요 리스트에 추가하고 다가올 주에 그 일을 처리할 시간을 찾는다. 이렇게 하면 모든 일을 빈틈없이 처리할 수 있다.

회의의 빈도를 결정하는 법

얼마나 자주 회의를 해야 하는지 제대로 파악하는 유일한 방법은 일단 특정 리듬이나 반복 횟수를 정한 뒤 그게 적절한 횟수인지 한동안 점검하며 확인하는 것이다. 많은 사람이 정해진 일을 반복할 뿐 다시 점검하려 하지 않는다. 끝없이 반복되는 주간 회의를 잡고 매주 하는 게 옳은지 스스로 묻지 않는다. 이러니 툭하면 회의가 길어지거나 별도로 임시 회의가 열린다. 반대로 회의가 너무 잦으면 다룰 안건이 충분치 않은 상태에서 진행된다. 회의가 너무 가끔 열리거나 너무 자주 열리거나, 너무 길거나 너무 짧은지 알기 위해 최적의 간격을 파악하는 것이 중요하다.

이 문제를 확실하게 해결하는 한 가지 방법은 우선 어떤 회의든 다시 열리는 횟수를 제한하는 것이다. 예를 들어 처음에는 회의를 총 다섯 번만 잡는 걸로 시작한다. 다섯 번이 끝나면 회의에 따른 업무 진행 상태를 재평가하고, 적절했다면 다음에도 같은 횟수로 진행한다. 만약 적절하지 않았다면 회의의 간격과 길이를 조정해 보고 아예 없앨 수도 있다. 만일 회의가 지루했거나 더 짧게 줄일 수 있다고 생각하면 그렇게 바꾸면 된다.

또한 회의는 회의답게 유지해야 한다. 누군가와 진행 상황을 파악하기 위해 매주 회의를 하는데 주중 내내 어떤 아이디어나 질문이 생길 때마다 메시지와 이메일로 그에게 알린다면, 주간 회의를 해야 할 필요성도 없어지고 회의 내용의 질도 떨어진다. 그 사람과 소통하기 위해 주마다 회의하기 위해 만날 필요가 없는 것이다. 주중 내내 메시지와 이메일로 소통하며 진행 사항을 이미 공유하고 있기에 회의 시간에 다룰 내용이 별로 없을 테니 말이다. 프로젝트에 맞게 당신이 정한 빈도수를 지키고 회의 때까지는 소통을 아껴라. 그러면 회의의 가치가 올라갈 것이다.

최적화된 회의의 모습

    주최자든 참여자든 회의에 참여하는 사람들은 모두의 시간을 훌륭하게 사용해야 할 책임이 있다. 시간을 허투루 사용하는 회의에 참석하고 있다면 회의 주최자에게 정중하게 이의를 제기하고 변화를 제안해야 한다. 또한 스스로 회의가 순조롭게 진행되도록 노력할 수도 있다. 이렇게 하면 대개 누구나 고맙게 여긴다.

    구글에서 참석한 회의 중 기억에 남는 최고의 회의가 있다. 주마다 이어진 그 회의가 너무나 훌륭했기 때문에 나는 12년이 지난 지금도 어떤 점이 좋았는지 기억한다. 제품 관리자가 주관한 주간 제품 회의였고 해당 제품에 관여한 모든 부서의 사람들이 참석했다. 회의는 정확히 제시간에 시작되었다. 그걸 듣기 위해 참관하는 사람들도 서둘러 제시간에 도착했다.

    모든 참석자들은 회의의 안건과 회의에서 다룰 내용, 사전 읽을거리, 준비 사항 등을 이틀 전에 받았다. 회의에서 다뤄야 할 안건이 생각보다 일찍 끝나면 회의는 짧게 끝났다. 안건이 회의를 소집하기에 충분하지 않으면 그 회의는 취소되었다.

모두가 사전에 읽어야 할 내용을 숙지했을 거라는 전제하에 이미 알고 있을 정보나 슬라이드는 회의 시간에 다루지 않았다. 처음에 읽을거리를 충분히 살펴보고 오지 않았던 사람들은 회의에 뒤처진 상태에서 참석하게 된다는 걸 깨닫고 다시는 사전 준비를 건너뛰지 않았다.

회의가 시작되면 첫 번째 안건으로 지난주에 받은 실천 항목의 진행 정도를 점검했다. 이렇게 하자 사람들이 얼마나 자신의 일에 큰 책임감을 갖게 되었는지 말로 다 표현할 수 없을 정도였다. 내가 전주에 실천해야 할 항목이 있다면, 다음 주에 가장 먼저 이에 대한 질문을 받으리라는 것을 알기 때문에 당장 그 일에 착수하게 된다. 모든 사람 앞에서 내가 성취한 것을 뽐내고 싶기 때문이다.

회의실에 타이머를 비치해서 발표자에게 배정된 항목을 다룰 시간이 1분 남았을 때 알람이 울리게 설정해 두었다. 알람이 울리면 모두 그게 무슨 뜻인지 알기 때문에 굳이 어색하게 끼어들어 발표를 중단시킬 필요가 없었다. 그 회의가 내 시간을 절대로 낭비하지 않을 거라는 걸 알기 때문에 나는 항상 그 회의를 기다렸다. 회의는 기름칠을 잘해둔 기계처럼 매끄럽게 흘러갔고, 덕분에 준비하던 제품도 크게 성공했다. 회의도 훌륭했고 그에 따른 결과도 멋지게 빛났다.

회의는 성과를 창출하는 과정이다. 회의 방식을 조금만 변경해도 중복되고 반복되는 의미 없는 회의 대신 효율적이고 생산적인 회의를 할 수 있다. 결론을 내고 변화를 이끄는 회의를 하기 위해서는 제대로 된 절차와 약속이 반드시 필요하다. 한 번의 회의에는 많은 시간이 필요하지만 제대로만 운영된다면 시간을 매우 효율적으로 활용할 기회다. 회의의 주최자라면 안건, 참석자, 회의 진행 순서, 후속 보고, 회의의 빈도에 대해 깊이 고민해야 한다. 회의 참석자라도 같은 항목에 대해 생각하고 주최자에게 피드백을 제시하자. 누구나 자신과 타인의 시간을 현명하게 사용하길 원하는 사람을 존중한다. 회의를 잘 관리하면 하루를 잘 관리하게 될 것이다.

업타임 실천 전략

- 회의 일정을 잡기 전에 그 회의가 목적, 안건, 결과(PAR)를 충족하는지 검토한다. 충족한다면 어떤 유형의 회의인지 파악한다.
- 누가 참석하며, 얼마나 자주, 얼마나 오래 열릴 것인지 꼼꼼히 조사한다. 참석자 수나 빈도수, 회의의 길이를 줄일 수 있는지 살펴본다.
- 회의에서 논의해야 할 안건을 다른 방식으로 확인하는 대신, 논의가 필요한 사안을 모두 정리해서 본연의 기능에 충실한 '회의다운 회의'로 만든다.
- 당신이 주최하는 회의와 계속 반복되는 회의를 자주 점검해서 적절한 간격과 길이로 열리는지 확인한다.
- 회의를 위한 선택형 안건과 후속 보고 모형을 만든다.

Chapter 18

이메일:
3단계 세락법

많은 사람에게 이메일은 가장 개인적인 공간이다. 이메일이 수신함에 들어온 순간 우리의 머릿속에 들어온 것과 같다. 이메일은 업무 불안이 시작되는 곳이어서 누군가에겐 가장 고통스러운 지점이다. 많은 사람은 아침에 일어나자마자 메일함을 가장 먼저 살펴보고, 잠자리에 들기 직전까지 확인한다. 당신도 한밤중에 문득 '내가 답장하는 걸 잊었나?' 하며 잠에서 깬 적이 분명 있을 것이다.

원격 근무가 늘어나면서 주고받는 이메일의 수도 폭발적으로 증가했다. 소프트웨어 기업인 허브스팟의 데이터에 따르면 팬데믹으로 많은 기업이 원격 근무로 전환되면서 이메일의 양이 44퍼센트나 증가했다. 많은 사람에게 이메일은 편리한 소통 방법이었지만 이제는 스트레스를 받는 대상이 되어버렸다.

물론 이메일은 효과적이며 꼭 필요한 소통 방법이다. 지구 반대편에 있는 사람과 이메일로 함께 프로젝트를 해낼 수 있다. 연구에 따르면 사람들은 근무 중에 시간당 약 11번 이메일을 확인한다. 하지만 많은 경우 실제로 이메일에 대해 아무것도 하지 않는다. 그저 확인만 할 뿐이다! 앞서 나는 하루에 한두 차례는 메일함을 닫아두는 게 좋다고 했는데 이를 효과적으로 업무에 적용하기 위해서는 메일함을 확인하는 시간이 메일을 가장 잘 사용할 수 있는 시간이어야 한다. 때때로 우리는 읽지 않은 메일을 무작위로 열어 이메일의 바다에서 헤엄치면서 절반은 새로운 메시지의 정보를 맥락 없이 훑고, 절반은 답장을 한다. 그러고는 일이 결코 끝나지 않는다고 생각한다. 여기서 방법을 조금만 바꾼다면 이메일을 완전히 통제할 수 있다.

수만 명의 구글 직원에게 교육한 3단계 메일 정리법을 소개하려 한다. 이 방법은 구글에서 가장 좋은 평가를 받은 교육으로 꾸준히 이름을 올리고 있다. 이 교육을 실시할 때마다 "우아, 메일함에서 보내는 시간이 30퍼센트나 줄었어요", "메일함을 열어보는 기분이 훨씬 좋아졌어요", "이제 이메일을 완전히 통제한다는 느낌이 들어요", "이 교육을 받은 후 동료들이 저에게 메일에 훨씬 잘 답하고 일을 잘 관리한다는 피드백을 줬어요", "내 메일함에 정확히 무엇이 있는지 알고 있고, 놓치는 메일이 없다는 걸 알기에 이제 잠을 훨씬 더 잘 잡니다"라는 후기를 듣는다.

수신함 정리 3단계

이메일 수신함을 3단계로 정리해 보자. 1단계만 실시해도 충분히 달라졌다는 것을 느낄 수 있고 2단계까지 하면 더 좋아지며 3단계까지 완수하면 성공이다! 이메일을 완전히 통제한다고 느낄 것이다.

1단계: 볼 필요가 없는 메일을 없앤다

많은 사람이 이메일의 수를 명예 훈장이나 되는 것처럼 말한다. "나는 읽지 않은 메일이 890통이야. 받은 메일이 수천 통이나 돼!" 이런 말들은 두 가지 의미를 지닌다. 첫째, 당신은 당신에게 보낸 이메일 890통을 놓치는 바람에 많은 동료들을 좌절하게 했다. 둘째, 사실 당신의 수신함에 들어올 필요가 없는 이메일을 많이 받고 있다. 대부분의 경우 후자에 해당된다.

수신함에 있지만 열지 않은 이메일은 옷장 안에 있는 입지 않는 옷과 같다. 더 이상 입지 않는 890벌의 셔츠는 당신에게 맞지 않거나 유행에 뒤처진 것이기에 아무리 많다 해도 좋을 게 없다. 굳이 말하자면 무엇을 입을지 결정할 때 받는 스트레스만 늘어날 뿐이다. 이러한 옷들은 입을 일이 전혀 없는데도 우리의 눈길을 잡아 끈다. 입지 않는 옷까지 고려하느라 에너지 포인트를 많이 쓰게 된다. 마찬가지로 설령 열어보지 않는다 해도 수신함의 모든 이메일과 메시지는 에너지를 앗아간다. 일단 수신함에 들어오면 볼드체로 된 글씨 때문에 메일을 열든 안 열든 당신의 뇌는 처리해야 하는 뭔가가 있다고 생각한다.

1단계의 목표는 불필요한 메일을 수신함에서 최대한 많이 없애는 것이다. 읽지 않은 채로 수신함에 남아 있지만 신경 쓸 필요가 없는 메일도 우리의 집중력을 뺏어간다. 이메일 설정에서 필터나 규칙을 만들어 그러한 메일이 수신함에 아예 들어오지 못하게 할 수 있다. 무심코 가입한 뉴스레터나 더는 확인하지 않는 업계 소식, 광고 메일은 신속하게 수신 거부하는 게 좋다. 더는 확인하지 않고 넘어가는 모든 메일에 필터를 설정하거나 보낸 사람을 차단하거나, 메일 리스트에서 이름을 빼거나, 스팸으로 처리한다. 시간을 들여 꼭 봐야할 것만 보고 나면 수신함을 확인하는 일이 아주 손쉽게 느껴질 것이다.

2단계: 꼭 읽어야 하는 메일을 눈에 띄게 만든다

만일 회사 대표가 당신에게 직접 이메일을 보냈다면, 그 메일은 회사 전체 사원에게 보낸 메일과 달리 보여야 한다. 교수가 당신에게 직접 이메일을 보냈다면, 과 전체에 보낸 것과 달리 보여야 한다. 회의도 많고 출장도 자주 다니는 바람에 주로 모바일 폰으로 메일을 읽는다면, 이 경우 컴퓨터 화면에서 보는 것보다 한 화면에 나오는 메일 수가 적고 미리볼 수 있는 내용도 적을 것이다. 나중으로 미뤄도 되는 메일과 즉각 열어봐야 하는 메일을 한눈에 구분할 수 있다면 빠르게 수신함을 정리할 수 있다.

적은 에너지를 사용하고도 중요한 메일을 찾아내는 방법을 적극 활용하자. 필터나 규칙을 이용해서 메일에 라벨이나 플래그가 자동으로 적용되게 설정할 수 있다. 가장 신경 써야 하는 고객이 보낸 메일에는 밝고 과감한 라벨을 적용해 보자. 관리자가 내게 직접 보낸 메일이라면 'VIP'나 '시급한 알림' 같은 라벨을 붙여보자. 메일함에서 메일에 라벨이 붙으면 업무의 우선순위를 자동으로 분류한 것과 다름없다. 그러면 재빨리 훑어보기만 해도, 열어보지 않고서도 수신함에 무엇이 있는지 바로 알아볼 수 있다. 이러한 규칙들 몇 가지만 설정해도 미래의 당신은 중요한 이메일을 놓치지 않게 된다. 아울러 제목을 읽기 전에 가장 중요한 것들을 먼저 처리하는 데 도움이 되는 시각적 단서를 얻을 수 있다.

3단계: 세탁물을 분류하듯 이메일을 분류한다

건조기에서 다 마른 빨래를 정리할 때 이렇게 처리하는 사람이 있을까? 건조기 문을 열고 셔츠 하나를 꺼낸다. 셔츠를 접고서 옷장에 넣은 다음 다시 건조기로 간다. 또 다른 셔츠를 찾아 접고 다시 옷장에 넣은 다음 건조기로 간다. 바지를 찾았는데 여전히 축축해 보여서 다른 마른 옷들이 있는 건조기 안쪽에 다시 집어 넣는다. 양말 하나를 찾았는데 짝을 찾을 기분이 아니어서 일단 하나만 서랍에 넣고 다시 건조기로 간다. 바지를 찾았는데 이제 보니 축축했던 아까 그 바지여서 다시 건조기에 넣어버린다. 건조기를 완전히 비우기에 지쳐버렸다는 생각이 들어 방금 세탁이 끝난 옷을 꺼내 건조기에 있는 옷과 함께 다시 건조한다. 어떤 옷이 필요할 때마다 그 옷이 빨래바구니에 있는지, 세탁 중인지, 다른 옷과 함께 건조기에 있는지, 옷장에 넣었는지 알지 못해 당황한다. 하루 종일 건조기 뚜껑을 열어놓아 아직 세탁이 끝나지 않았다는 걸 끊임없이 생각나게 한다.

얼마나 비효율적인가? 얼마나 많은 에너지가 낭비되는가! 글로 읽기만 해도 스트레스가 잔뜩 올라오는 끔찍한 방법이다. 하지만 많은 사람이 이런 식으로 메일을 관리한다. 젖은 옷을 마른 옷이 있는 건조기 속에 다시 넣는 것처럼, 이미 읽은 메일을 '읽지 않음'으로 표시한다. 건조기를 완전히 비우지 않는 건 수신함이 제로가 되는 경우가 없는 것과 같다. 사람들은 하루에도 몇 번씩 옷이 가득 찬 건조기를 들여다보며 그 안에 치워야 할 것이 잔뜩 있다는 걸 확인한다. 정리는 하지 않은 채 메일을 하루에도 15회 이상 확인한다. 메일에 답장을 했는지, 수신함에 뭔가 중요한 게 있는데 놓친 건 아닌지 알지 못한 채 한밤중에 잠에서 깬다. '핑크색 셔츠는 세탁바구니, 세탁기, 건조기 중 어디에 있는 거지?' 하며 찾는 것처럼 말이다. 이 비효율성에서 벗어나려면 어떤 방법을 써야 할까?

- '빨래를 2시에 시작해야지' 하며 계획하는 것처럼, 메일함을 하루 종일 아무 때나 들여다보지 말고 특정 시간을 정해 확인한다.
- 건조기를 한꺼번에 비우듯이 수신함의 모든 것을 한 번에 정리한다.
- 빨래를 접을 것, 옷걸이에 걸 것, 짝 맞출 것으로 나누는 것처럼 메일도 답장할 것, 읽을 것, 다시 살펴볼 것으로 분류한다.
- 분류한 메일은 한 번에 읽는다. 메일이 들어올 때마다 처리하는 것이 아니라, 들어온 메일을 일괄적으로 처리한다.

- 처음에는 분류하고 그다음은 답장을 해서 메일을 최대 2회만 확인한다. 각 메일에 사용하는 에너지 포인트를 최소화한다.
- 접어야 할 옷을 모두 접고, 옷걸이에 걸어야 할 옷을 모두 걸고, 양말 짝을 한꺼번에 맞추듯 분류하고 읽고 답장하는 활동을 별개로 취급하고 중간에 섞지 않는다.
- 모든 옷을 걸(모든 메일에 답장할) 시간이 없고, 걸어야 할 옷이 산더미처럼 쌓여 있으며, 녹색 셔츠(상사가 보낸 메일)를 잃어버렸다 해도, 그게 정확히 어디에 있는지 알고 한 번은 확인했다는 걸 안다.

'이미 읽었지만 아직 조치를 취하지 않은 메일'과 '새로운 메일'을 같은 곳에 두지 않아야 한다. 만일 섞어버리면 접어야 할 모든 마른 바지를 젖은 양말들과 한데 넣어버리는 것과 같다. 얼마나 혼란스러운가!

수신함을 여러 개 설정하는 것도 혼란스럽기는 마찬가지다. 어떤 사람들은 사내 메일 수신함, 외부 메일 수신함, 기타 다른 곳에서 보낸 메일 수신함을 따로 만들어 들어오는 메일을 자동으로 분류한다. 하지만 여러 검증된 생산성 원칙에 따르면, 확인해야 할 곳이 많을수록 그 과정은 더 많은 스트레스를 불러온다. 만일 당신이 청구서용, 광고 전단지용, 개인

카드용 등 집 밖에 아홉 개의 우체통을 설치해 둔다면 매일 각각의 우편함에 가서 확인해야 한다. 그만큼 수고로운 일도 없다. 하나의 우체통만 마련해서 매일 그곳을 비우고 내용물을 분류하는 게 훨씬 쉽다. 이것이 바로 내가 여러 개의 주 수신함을 사용하는 걸 권하지 않는 이유다.

모든 이메일이 들어오는 하나의 수신함을 마련하고 이 이메일에 반응하는 행동에 따라 네 개의 메일 바구니를 마련해 보자.

① **답장하기**(Response): 꼭 답해야 하는 메일로, 시간을 들여 완수해야 한다.

예: 상사가 중요한 프로젝트의 현황에 대한 업데이트를 요청한다.

② **읽기**(Read): 읽고 싶지만 꼭 답할 필요는 없는 메일이다.

예: 업계 뉴스레터, 참조 이메일, 흥미로운 사례 연구

③ **다시 읽기**(Revisit): 확인을 위해 특정 시간이 필요하거나 누군가 답하길 기다리기 때문에 즉시 답할 수 없는 메일이다. 이런 메일은 기다리거나 일의 진행 상황을 지켜보아야 하지만 일단은 당

신의 해야 할 일 목록에는 없는 것으로 생각하면 된다.

예: 고객 문의에 답을 해야 하지만 먼저 필리페가 계약을 승인할 때까지 기다려야 한다. 필리페가 당신에게 답하지 않는다면, 그와 주고받은 이메일을 다시 읽는다.

④ **휴식**(Relax): 일이 끝났다는 뜻이다! 이곳은 모든 이메일이 휴식을 취하는 곳이다. 실천 항목을 모두 완수했으며, 이제 아카이

〈이메일 바구니로 들어간 메일 예시〉

답장하기	읽기	다시 읽기	휴식
받는 사람 **당신** 보낸 사람 **관리자** 제목 **프레젠테이션에 관해서**	받는 사람 **당신** 보낸 사람 **아침 뉴스** 제목 **톱 헤드라인**	받는 사람 **당신** 보낸 사람 **필리페** 제목 **허가 승인에 관하여**	받는 사람 **당신** 보낸 사람 **협업 부서** 제목 **수고하셨습니다!**
오늘 프레젠테이션이 인상적이었습니다! 이야기 나눴던 변경 사항을 반영해서 수정한 후 최대한 빨리 보내주시길 바랍니다. 감사합니다! 라나에스치아	회사 현황 업데이트 멋진 커리어 조언	요청하신 모바일 기능 허가가 다음 주에는 승인될 것 같습니다. 조금만 더 지켜봅시다! 필리페	프로젝트를 잘 마무리해서 아주 기쁩니다. 함께 일해서 정말 좋았습니다. 다시 한번 감사합니다!

브에 보관하거나 추후 검색할 수 있도록 참조 폴더에 보관하거나 삭제하면 된다.

예: 모든 프로젝트가 완료되었다는 메일을 받았다.

이메일 업무 흐름

수신함에 들어온 이메일을 '답장하기', '읽기', '다시 읽기'로 분류하고 나머지는 아카이브로 분류하거나 삭제하면 된다. 이 조치가 필요 없는 메일이 있다면 그 메일은 수신함에 있을 필요 또한 없다. 세탁물을 분류하고, 옷을 개고, 옷걸이에 걸고, 양말의 짝을 찾는 것이 각기 다른 활동인 것처럼 분류하기, 답장하기, 읽기, 다시 읽기를 개별 활동으로 생각하고 섞지 않는 것이 중요하다.

매일 한 번 시간을 정해서 수신함을 살펴보고 이메일을 신속하게 네 곳의 메일함에 분류한다. 그렇게 수신함의 모든 메일을 처리하는 걸 나는 '수신함 제로'라고 말한다. 가장 일이 잘되는 아침에 이 작업을 하는데 키보드 단축기까지 활용해서 빠르게 처리한다. 답장하는 데 3분 이하가 소요되는 메일에는 바로 답장을 보내고, 답장하는 데 더 오래 걸리는 메일은 하루 중 따로 계획된 시간에 처리한다.

메일을 열고 다시 '읽지 않음'으로 표시하는 건 젖은 바지를 다시 건조된 옷들 속에 던지는 것과 같다. 미래에 당신은 그 메일을 다시 열어 어떤 행동을 할지 다시 결정해야 한다. 에너지 포인트의 낭비다. '잠깐, 내가 이걸 열었나? 답장을 보냈던가? 이제 이걸 어떻게 처리해야 하지?' 이런 과정을 통해 사람들은 이메일을 대여섯 차례 건드리고 나서야 완전히 처리하게 된다.

메일을 분류해 수신함 제로에 도달하면, 그 메일을 처리할 시간을 하루 일과 중에 찾아 일정을 잡으면 된다. 예를 들어 답장하기 바구니에 든 이메일만 읽고 답장하면 된다. 다른 모든 것은 차단하고 말이다. 그러고 난 후 이메일을 읽기로 정한 시간 동안 읽기 바구니만 들여다보고 읽는다. 주 수신함에는 마지막으로 메일을 분류한 이후에 들어온 신규 메일들만 담겨 있어야 한다. 이렇게 들어온 신규 메일을 하루에 2회에서 4회 정도 다시 분류해 수신함 제로 상태를 유지하는 것이 좋다.

유사한 활동을 한 번에 하면 효율적이고 에너지 포인트

도 덜 사용된다. 연속으로 다섯 번째 셔츠까지 접으면 리듬이 생겨서 셔츠 접기를 더 잘하게 된다. 다섯 통 연속으로 답장하거나 읽는 일도 마찬가지다. 하루 내내 산발적으로 하는 것보다 모아서 한 번에 하는 게 일을 잘하는 기분도 들고 더 효율적이다.

아울러 이러한 이메일 바구니를 당신의 에너지 수준에 맞춰서 진행하는 것이 좋다. 나의 파워 아워 중 한 시간 동안 방해받지 않고 신중하게 답장을 작성하고 싶다면, 답장하기 바구니만 따로 떼어 답장하기에 아주 좋은 시간이다. 회의 두 건이 15분 간격으로 나란히 잡혀 있다면, 이메일에 모두 답장하기에는 어려울 수 있지만 읽기 바구니로 들어가 업계 뉴스를 빠르게 훑어보기에는 좋은 시간이다. 하루나 한 주가 끝나가는 시점은 컴퓨터를 종료하기 전에 다시 읽기 바구니를 재빨리 훑어보기에 좋은 시간이다.

이런 식으로 메일을 처리해서 더 이상 그 바구니에 있을 필요가 없어지면 빼내면 된다. 아카이브에 보관하든 삭제하든 폴더에 넣든 한다. 그런 식으로 다음 행동이 표시된 수신함과 이메일만이 당신이 봐야 하는 대상이며, 유일하게 처리해야 하는 이메일이다.

〈수신함 제로에 도달하는 이메일 확인법〉

8시 30분	커피를 가지고 자리에 앉아 단축키를 사용해서 수신함 제로를 달성한다.
9시	답장하기 폴더를 열어 방해받지 않고 이메일들에 답장한다.
10시 30분	회의
11시	회의
11시 45분	단축키를 사용해서 수신함 제로를 달성한다.
12시	점심 식사
1시	답장하기 폴더를 끝내고 이메일 외의 업무를 처리한다.
1시 30분	회의
2시	읽기 폴더를 열고 기사를 본다.
2시 30분	회의
4시	다시 읽기 폴더를 열고 답장이 필요한 업무의 진행 사항을 확인하고, 귀가하기 전에 다시 수신함 제로를 달성한다.

메일 시스템은 계속해서 쏟아져 들어오는 이메일을 완벽하게 통제하고 유지하는 데 도움이 된다. 무엇보다 이 시스

템은 모든 메일을 통제할 수 있는 시스템이다. 핑크색 셔츠를 찾아야 할 때 그것이 어디에 있는지 정확히 알면 머릿속이 명료해진다. 마찬가지로 다음 주까지 답장을 보내야 하는 이메일이 어디에 들어 있는지 아는 것만으로도 일을 반복하지 않게 된다. 이메일의 처리 상태를 아는 것이기 때문에 이미 답장한 것들을 아는 것 못지않게 도움이 된다. 바구니가 차오르기 시작하면 바구니를 살펴보기 위해 추가의 시간을 설정해야 하는지 알 수 있다.

이메일에서 시간을 절약하는 또 다른 방법은 모든 업무가 마무리된 메일을 한곳에 보관하는 것이다. 처리를 완료한 메일을 또다시 폴더나 라벨로 분류하면 나중에 해당 메일을 찾기가 어렵다. 이제 이메일을 쉽게 검색할 수 있는 시대다. 만약 메일을 폴더로 분류해 저장한다면 그 메일을 찾아야할 때 폴더마다 들어가 검색해야 해서 더 많은 에너지 포인트가 사용된다. IBM이 실시한 연구에 따르면, 나중에 찾기 위해 모든 걸 폴더로 분류해 두는 것보다 이메일을 대규모로 검색하는 게 시간이 54퍼센트나 절약된다. 나중에 필요할 수도있는 이메일은 모두 하나의 거대한 저장소에 보관하는 것이좋다. 이 시스템을 사용하면 이메일을 완전히 통제할 수 있어

서 수신함과의 관계가 바뀔 것이다. 업타임으로 가는 중요한
길이다.

핵심을 찌르며 신속하게 답장하라

이메일을 작성하거나 답장을 보낼 때, 나는 내가 받고 싶은 형태의 이메일을 보낸다. 짧고, 친절하고, 핵심을 찌르고, 불릿 기호를 사용해서 정리되어 있고, 요청을 명확하게 적어놓고, 필요하다면 맨 밑에 요약하고, 만약 기한이 있을 경우미리 제시하려고 한다. 이메일 본문에서 한 번에 읽을 수 있는 정도의 간단한 리스트를 굳이 링크로 걸어놓은 이메일을받아 짜증이 났다면 그 기분을 기억해 두었다가 당신이 이메일을 작성할 때 링크를 걸지 말고 본문에 리스트를 포함시켜보자.

⊘ 24시간 안에 모든 이메일에 답장하라. 하지만
메일의 모든 요청을 24시간 안에 처리할 필요는 없다.

자신이 보낸 메일에 답장하지 않는 사람과 일하기 좋아하는 사람은 없다. 이메일의 비효율성은, 메일을 나중에 확인하기로 하고 넘기거나 답을 제때 하지 않아서 독촉 메일을 받는 경우에 발생한다. 이메일에 답장하지 않으면 십중팔구 또다른 메일을 받게 되어 더 많은 에너지 포인트가 사용된다. 그리고 이런 상황 때문에 부담감이 쌓인다. 또 다른 메일이 온 후에는 당신의 답을 받기 위해 실시간 채팅이 시작되고, 결국 캘린더에 회의가 추가되기도 한다.

이런 비효율성을 없애기 위해서 이메일에 신속하게 답장을 보내어 이런 상황을 피하는 것이 좋다. 답장을 한다고 해서 당신에게 요청된 행동을 모두 곧바로 완수해야 한다는 뜻은 아니다. 이메일을 확인했다는 것을 알려주고, 일에 대해 당신이 무엇을 계획하고 있는지 혹은 언제 제대로 처리할 계획인지 알려주는 것이다.

– 안녕하세요. 귀하의 요청을 잘 받았습니다. 이번 주에 그 문제에 대해 생각해 보고 다음 주에 답을 드리겠습니다.

– 메일 잘 받았습니다. 감사합니다. 다가오는 화요일에 이 문제를 처리할 예정이니 다음 주 수요일에 다시 연락드리겠습니다.

– 안녕하세요. 이 문제는 저도 생각 중입니다만, 언제 그 일을 처리하게 될지 확실하지 않습니다. 다음 달까지 제가 답을 하지 않는다면 그때 다시 한번 연락 주시기 바랍니다.

이런 식으로 즉시 답장을 하고 나서 답장하기 폴더에 추가하면, '이 사람이 내 메일을 봤나? 잊었나? 다른 방식으로 다시 연락해야 하나?'와 같은 오해를 예방할 수 있다. 또한 함께 진행 중인 일이 있다면 메일을 확인했다는 답장을 하자. 상대방이 두 번 연락하지 않도록 말이다.

– 안녕하세요. 이 일을 시작하기 전에 승인을 여전히 기다리고 있습니다. 조금 더 기다려주세요.
– 안녕하세요. 이 일에 대해 잊지 않았습니다. 진행 중입니다!

누구나 상대방이 자신이 보낸 메일을 받았는지, 요청한 일을 하고 있는지, 언제쯤 답장이나 결과물을 받을 수 있는지 알고 싶어 한다. 그저 답을 듣고 싶은 것이다. 이런 식으로 이 메일을 미리 확인하고 답장하는 사람들은 '모든 일을 파악하고 있는 사람'이라는 인상을 준다. 모두가 자신의 메일을 이런 식으로 처리하는 사람과 함께 일하는 걸 좋아한다. 사적인 메일이든 공적인 메일이든 마찬가지다. 당신이 이메일에 답장하는 방식 혹은 답장하지 않는 방식은 일터 안팎에서 당신을 평가하는 중요한 요소가 될 것이다. 당장 모든 일을 완수하는 게 아닐지라도 '바로바로 답장하는 사람'이라는 좋은 인식을 쌓자.

업타임 실천 전략

- 볼 필요가 없는 이메일은 필터와 규칙을 적용해서 수신함에서 제거한다.
- VIP, 중요한 고객 등 반드시 읽어야 할 이메일은 눈에 띄게 표시한다.
- 건조기(주 수신함)에서 모든 이메일을 꺼내 세 가지 세탁 바구니(답장하기/읽기/다시 읽기)에 분류해 수신함 제로를 달성하자. 일과 중에 따로 시간을 잡아 매일 세탁 바구니들을 살펴보고 거기 담긴 이메일에 대해 적절한 조치를 취한다.
- 모든 일이 끝난 이메일을 폴더에 분류하는 대신 검색 기능을 활용할 수 있도록 한곳에 모은다.
- 항상 깔끔하고 핵심을 찌르는 이메일을 작성한다.
- 이메일을 받았다면 당장 요청을 처리하지 못하더라도 그 일에 대해 당신이 언제 무엇을 할 예정인지 신속하게 알린다.

Chapter 19

디지털 디톡스:
분주한 마음 가라앉히기

포모(FOMO)는 뭔가를 놓칠까 봐 두려워하는 상태(Fear Of Missing Out)를 뜻한다. 그런데 이제는 포모보다 조모(JOMO)라는 말을 더 많이 쓴다. 조모는 뭔가를 놓치는 즐거움(Joy Of Missing Out)이다. 때론 자신의 삶과 관련이 없고 궁금하지도 않았던 트렌드, 이슈, 팟캐스트를 놓쳤을 때 실제로 더 행복하다는 뜻이다. 의학박사 크리스틴 풀러는 대중심리학 매거진 《사이콜로지 투데이》에 이런 글을 남겼다. "조모는 우리가 현실에 충실할 수 있게 해준다. 이것이 바로 행복을 찾는 비결이다. 뇌 속에서 끊임없이 떠오르는 불안과 걱정, 잡생각을 깨끗하게 비울 때 비로소 진정한 우선 사항들을 달성할 수 있는 여유와 에너지, 감정이 훨씬 더 많이 생긴다."

이 책 전반에 걸쳐 설명한 것처럼 마음이 차분할 때 마법이 일어난다. 새로운 아이디어가 생겨나고, 오래된 아이디어가 재구성되고, 에너지 포인트가 생성되고, 정보가 흡수되어 처리된다. 우리가 사용하는 소란스러운 기기들은 그 차분한 시간을 자주 방해한다. 수백 년 전 인간은 말을 타고 하루 종일 유유자적하며 대자연 속을 거닐었고, 얼굴을 마주 보고 함께 살아가는 사람들 외에 다른 어떤 것에도 방해받지 않고 살아갔다. 반면 오늘날 우리는 친구와 짧게 저녁 한 끼를 먹으면서도 휴대폰을 몇 번이나 들여다본다.

여백이 주는 풍요로움을 알면서도 인생에 여백을 만들기는 어렵다. 조금 더 여유로운 삶을 살고자 한다면 기술과의 관계를 점검하는 데서 시작해 보자. 매일 조용한 한 시간을 보낼 것인가 아니면 매 순간을 소셜 미디어나 방금 도착한 뉴스를 확인하며 살아갈 것인가? 해가 떠올라 하루가 시작될 때 잠에서 깨어날 것인가 아니면 이메일이 도착했다는 알림 소리에 깰 것인가? 기술은 중요하고 삶에 여러 도움을 주지만, 무엇보다 그 기술을 이롭게 사용하는 방법을 찾는 것이 훨씬 중요하다.

디지털 기기 없는 화요일 밤

1년 전 남편과 함께 새로운 결심을 했다. 바로 일주일에 하룻밤만큼은 저녁 시간부터 잠자리에 들 때까지 디지털 기기를 사용하지 않는 것이다. '기술 없는 화요일 밤'은 이렇게 시작되었다. 그리고 우리는 그 시간에 할 보드게임, 퍼즐, 야외 활동 혹은 새로운 취미를 찾아 나섰다. 생각보다 지키기 쉬웠고, 재미있어서 1년 내내 이 약속을 실천했다. 뒤돌아보면 그 화요일 밤들이 가장 행복했다.

현대 기술은 우리가 일하는 걸 도와주고, 타인과 관계를 지속할 수 있게 해주며, 더 많은 것을 달성할 수 있게 도와준다. 하지만 지치지 않는 컴퓨터조차 장기적으로 작동하려면 때때로 재부팅하거나 꺼줘야 한다. 우리의 업타임도 마찬가지다. 일주일에 단 하룻밤만이라도 기기 없이 보내면 뇌가 재부팅되고, 에너지가 더 솟아나고, 장기적으로 더 높은 생산성을 달성할 수 있다. 가까운 가족과 얼굴을 마주 보고 이야기 나누고, 홀로 깊은 성찰의 시간을 갖고, 이튿날 상쾌한 아침을 누릴 수 있다.

우리 집의 새로운 문화를 구글의 동료들에게도 널리 알리고 싶어서 앞 장에서 소개한 조언들 중 몇 가지 항목에 디지털 기기를 줄일 수 있는 방법을 적용해 공유했다. 당신도 삶에 조금 더 여유를 주고 싶다면 아래에서 소개하는 단계에 따라 시작해 보면 좋을 것이다.

– 소소한 변화 주기: 스마트폰을 2G폰으로 바꾸는 것과 같은 급격한 변화를 실천할 수 있는 사람은 거의 없다. 이루고자 하는 큰 목표를 작은 단계로 잘게 쪼개면 실천이 훨씬 쉽다. '한두 시간 전화 꺼두기'와 같이 감당할 수 있고 달성할 수 있는 목표에서 시작해 보자.

– 조건-반응 연결고리: 일주일 중 아무 날을 정해 실천하는 것보다 '디지털 기기 없는 화요일'이라고 명명하면 훨씬 강렬하고 기억하기도 쉽다. 방향성과 리듬, 체계도 만들어진다. 화요일이 오면 나는 그날 저녁에는 디지털 기기를 사용하지 않는 일을 한다. 굳이 화요일 밤을 택한 건 기기(Tech)와 화요일(Tuesday)이 둘 다 T로 시작하기 때문에 더 쉽게

기억할 수 있어서였다. 기억하기 쉬운 다른 요일이어도 상관없다.

- 자연스럽게 시작하기: 이런 변화를 주기에 '7월 중순'은 다소 뜬금없다고 느낄 수도 있다. 반면 새로운 게 시작되는 새해라면 훨씬 더 자연스럽게 느껴질 것이다. 변화의 시기에 맞춰 실천해 보자.

이런 내용을 공유하고 구글에서 '기술 없는 화요일 밤'이라는 도전을 시작했다. 1월과 2월 화요일마다 저녁 식사 시간부터 잠자리에 들 때까지 디지털 기기들과 모든 스크린을 끄기로 했다. 지난 5년간 해마다 2500명 이상이 이 도전에 참여했는데, 그 결과는 놀라울 정도였다. 직원들은 대체로 처음에는 어려웠지만 결국엔 가치 있는 경험이었다고 후기를 전해주었다. 대체로 아래와 같은 피드백을 남겼다.

- 휴대폰을 집어 들고 확인하는 횟수를 알게 되었다. 놀랄 만큼 자주 손이 간다. 한 가지 일에 집중하는 시간을 더 늘리기로 다짐했다 .
- 저녁 시간이 훨씬 길어졌다.
- 밤에 숙면한다.
- 디지털 기기를 사용하지 않을 때 더 깊은 관계에 도달할 수 있다.
- 이튿날 에너지가 넘친다.

– 마침내 창의적인 취미를 할 시간이 생겼다.

– 해결해야 할 문제를 하룻밤 치워두니 이튿날 더 나은 해법이 떠오른다.

– 가족, 특히 자녀들이 이 시간을 좋아한다.

– 프로그램 기간이 끝나도 '기술 없는 화요일 밤'을 더 오래도록 실천할
계획이다.

그리고 이 프로그램의 끝에 나는 두 가지 중요한 질문을 던졌는데, 결과는 다음과 같았다.

〈디지털 디톡스 만족도〉

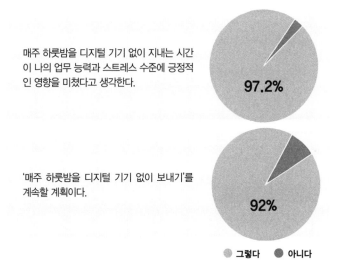

매주 하룻밤을 디지털 기기 없이 지내는 시간이 나의 업무 능력과 스트레스 수준에 긍정적인 영향을 미쳤다고 생각한다.

97.2%

'매주 하룻밤을 디지털 기기 없이 보내기'를 계속할 계획이다.

92%

● 그렇다 ● 아니다

프로그램에 참여한 사람들이 대체로 스트레스 지수가 떨어지고 업무 능력이 향상되었으며 앞으로도 이 도전을 계속 이어갈 거라 답한 것을 보고 굉장히 기뻤다. 하지만 나도 이미 그 강력한 효과를 경험했기에 결과를 보고 크게 놀라지는 않았다.

어떤 참가자들은 프로그램을 시작한 첫해 이후 5년째 매주 화요일 밤의 약속을 지키고 있다. 참가자들이 남긴 말 가운데 다음과 같은 말들이 특히 기억에 남는다.

- 프로그램에 참여한 지 4주가 지났다. 『곰돌이 푸』의 저자가 "아무것도 하지 않으면 때론 가장 좋은 일이 생기지"라고 한 말이 무슨 뜻인지 비로소 이해했다.

- 멋진 아이디어와 영감이 샘솟고 기분이 아주 좋다. 무엇보다 푹 자고 있다. 화요일은 이제 내가 가장 좋아하는 요일이다!

- 디지털 기기에 내가 얼마나 많은 시간을 쓰고 있었는지 돌아보는 시간이었다. 스크롤, 새로 고침, 알림 확인의 끝없는 굴레에 얼마나 쉽게 갇히는지 깨달았다.

- 기기 없는 화요일 저녁을 시작하는 알람이 울렸을 때 나는 어떤 문제를 해결하려고 애쓰는 중이었다. 컴퓨터 앞에서 몇 시간을 씨름하는

대신 바로 기기를 껐다. 수요일 아침에 일어났을 때 최고의 해법이 떠올랐다. 뇌를 쉬게 했기 때문에 아이디어가 떠오른 거라고 확신한다.

디지털 디톡스를 위한 10가지 팁

하루 저녁을 통째로 디지털 기기 없이 보내는 건 때론 픽 부담스러울 수 있다. 덩어리 시간을 떼어놓는 대신 아주 작은 시간 동안 실천할 수 있는 소소한 습관을 찾는 것도 방법이다. 그렇게 하더라도 다른 사람과 더 깊게 교감하고 명료한 정신을 유지할 수 있다. 일상 속에서 디지털 디톡스를 실천할 수 있는 소소한 10가지 팁을 소개한다.

① **전화기를 침대에 가져온다.** 취침 한 시간 전이 가장 이상적이다. 아침 알람을 설정한다.

② **당신이 자는 방 외에 다른 방에 전화기를 둔다.** 멀리 있어도 알람 소리를 들을 수 있게 볼륨을 높게 설정한다. 침실 바깥에 둘 수 없다면, 침대에서 멀리 떨어져서 가져오려면 애를 써야 하는 거리에 둔다.

③ **아침에 전화기를 들기 전에 한 가지 일을 하려고 애쓴다.** 가령 휴대폰을 확인하기 전에 커피를 마시거나 샤워를 하거나 옷을 입는다.

④ **휴대폰을 뒷전에 둘 짧은 시간을 찾는다.** 짧은 산책을 하는 동안, 자녀들을 재우는 동안, 혹은 점심을 먹는 동안 전화기를 찾지 않는다. 생각해야 할 다른 일들이 뇌에 스며들고 뇌가 명료해지는 순간을 만들기 위해 할 수 있는 일은 무엇이든 한다.

⑤ **밀어내기 효과를 이용한다.** 저녁에 디지털 기기를 사용하기 전 15분간 뭔가 해야 할 일을 찾는다. 가령 주중 저녁에 텔레비전을 보기 전에 15분간 뜨개질을 한다. 지키기 쉽도록 그 시간을 너무 길게 잡지 않는다.

⑥ **휴대폰과 컴퓨터의 배경 화면을 특별한 감흥을 불러 일으키지 않는 중립적인 이미지로 바꾼다.** 잔디밭이나 완전히 깨끗한 흰색처럼 단조로운 스크린을 집어 드는 건, 귀여운 강아지 사진을 볼 때보다 지루하게 느껴지기 때문이다. 휴대폰 배경도 마찬가지다.

⑦ **텔레비전을 보거나 저녁 식사를 하는 동안 당신의 배우자, 파트너, 룸메이트와 휴대폰을 교환한다.** 다른 사람의 소셜 미디

어나 이메일을 확인해 본 적이 있는가? 지루하다.

⑧ **소셜 미디어와 뉴스는 오직 컴퓨터로만 본다.** 접근성을 조금만 낮춰도 습관처럼 자주 사용하는 걸 방지할 수 있다. 손가락이 아닌 마우스로 스크롤하는 것도 우리의 흥미를 떨어트린다. 또 휴대폰 설정에서 사용하는 시간을 제한하는 것도 좋은 방법이다.

⑨ **시간을 거래한다.** 야외에서 1분을 보내면 1분 동안 스크린을 보기로 규칙을 세운다. 텔레비전을 한 시간 동안 시청하려면 한 시간 동안 밖에서 시간을 보내기로 규칙을 세운다.

⑩ **휴대폰 의존도를 낮추기 위해 노력한다.** 예컨대 구식 알람시계를 사용하고 휴대폰 대신 집 전화를 사용하거나 타이머에 설정된 시간 이후에 잠금이 해제되는 자물쇠 상자에 휴대폰을 넣고 들여다보지 않는다.

매주 하루 저녁일지라도 디지털 디톡스를 실천하면 사회적으로나 정서적으로 교감하는 데 필요한 정신적인 여백을 만들 수 있다. 머리에 안개가 낀 것처럼 멍한 느낌이 지속되는 브레인 포그를 없애고, 활력을 충전하고, 번아웃을 예방하고, 업타임을 촉진한다. 이러한 소소한 팁이라도 일단 시작하고 나면 주중 내내 더 다양한 방식으로 디지털 기기와 거리를 둘 수 있고, 기기를 사용하더라도 분명한 목적과 의도를 갖고 사용하는 습관을 들일 수 있다. 아주 작은 변화에서 큰 차이가 만들어질 것이다.

업타임 실천 전략

- 요일을 정해서 그날 밤 저녁 식사 시간부터 취침 시간까지 디지털 기기를 사용하지 않는다. 어떤 일이 벌어지는지 보고 그 장점을 파악해 보자.
- 하루 중 기계에서 벗어날 수 있는 소소한 순간을 찾는다. 이러한 순간들이 일상이 되면, 기술에 관한 전반적인 습관을 바꿀 수 있다.

Chapter 20

아침 30분 루틴:
혼자일 때 최고의 나를 만난다

디지털 기기 없는 화요일 밤 도전에 성공한 후, 나는 하나의 습관을 더 추가하기로 결심했다. 바로 '일찍 일어나는 수요일'이다. 기술과 단절된 평화로운 저녁을 보내고 그 후에 이어지는 숙면의 흐름이 이튿날 아침까지 이어질 수 있다는 생각에서 나온 아이디어다. 기기에 연결되지 않고 30분에서 한 시간 동안 당신이 원하는 것을 하면서 아침을 시작하면 아주 좋은 하루를 맞이할 준비가 된다. 다른 일을 하기 전에, 회사나 가정에서 어떤 역할을 해내기 전에 스스로를 위한 무언가를 하게 된다. 이 단순한 아침 루틴으로 그날 나머지 시간에 사용할 수 있는 에너지가 더 많이 생성된다.

그 하루의 첫 30분을 내 이름을 따서 '로라 30'이라고 부른다. 가족들보다 30분 먼저 일어나서 어떤 기기도 사용하지 않은 채 내가 원하는 것을 무엇이든 한다. 보통 명상으로 시작해서 독서를 하거나, 헤드폰을 쓰고 피아노를 치거나, 확언 카드를 읽거나, 일기를 쓴다. 때론 그날에 따로 운동할 시간이 없으면 운동을 한다. 핵심은 이 30분이 루틴이라는 것이다. 이 30분은 다른 사람들이 원하는 일을 하기 전에 내가 하고 싶은 일을 하는 나만의 시간이다. 나는 이 시간에 무엇을 할지 미리 계획하지 않고 그날 아침 기분에 따라 즉흥적으로 결정한다.

아침 30분을 위해 전날 밤 30분 일찍 잔다고 해서 저녁 시간에 큰 변화가 생기지 않는다. 하지만 이튿날 아침 30분간 아무 방해도 받지 않고 온전한 자유를 누리는 건 나의 하루에 즉각적이면서도 긍정적인 변화를 일으켰다. 그 시간을 보내고 나면 간신히 침대에서 기어 나와 이메일을 확인하고 엄마 역할을 하고 업무 모드로 전환한 뒤 퇴근하고 다시 엄마 모드가 되는, 온종일 다른 사람을 위한 삶을 살고 있다는 생각에서 벗어날 수 있다. 다른 사람들의 컵에 나의 에너지를 쏟아붓기 전에 내 컵부터 채우는 시간이다. 나를 위해 하루를 시작하면 위로가 된다.

아침형 인간이 아니더라도 일어나야 할 시간보다 일찍 하루를 시작할 것을 강력하게 추천한다. 일어나자마자 가장 먼저 하는 일이 회사 업무가 되게 하진 말자. 대신 자신을 위한 시간을 보내기 위해 일어나자. 회의, 서류 작업, 컨퍼런스 콜이 당신을 부르기 전 단 15분이라도 좋다.

아침은 결정을 내리거나 큰일을 해내야 하는 시간이 아니다. 구글의 CEO 순다르 피차이는 오믈렛과 토스트, 차 한 잔과 함께 종이 신문을 읽는, 놀라울 정도로 단순한 아침 루틴을 매일 지킨다. 목적과 일관성을 가지고 일과를 시작하는 것이 아침에 어떤 업무를 하느냐보다 더 중요하다.

⊘ 아침을 손에 넣는 건 하루를 손에 넣는 것이다.

성공한 인물들은 모두 아침을 일찍 시작한다. 5시에 하루를 시작할 필요는 없지만 전날 일찍 잠들어서 하루의 첫 일정보다 조금 일찍 하루를 시작하면, 본격적으로 일을 시작하기 전에 당신을 위한 시간을 보낼 수 있다. 아침에 일찍 일어나서 비디오 게임을 하거나 출근 전까지 소셜 미디어나 텔레비전 예능을 보며 시간을 보내는 사람은 본 적이 없다. 보통은 밤늦게까지 자지 않을 때 이러한 활동을 한다. 아침은 방해받지 않는 자신만을 위한 시간이다.

수면 패턴을 바꾸기까지는 시간이 걸린다. 기상 시간을 앞당기는 게 힘들다면 일단 며칠간 5분씩 일찍 일어나는 것을 목표로 삼아보자. 조용한 5분의 효과를 느끼면 점차 그 시간이 늘어날 것이다. 당신만의 아침 활동을 위해 한 주 동안만 시험 삼아 일찍 일어나 보자. 그리고 당신의 소중한 30분을 쓸 가치 있는 일을 떠올려보자.

여유로운 아침을 위한 세 가지 요소

아래에서 소개하는 세 가지 요소를 더하면 아침을 조금 여유롭게 보내는 것에서 한발 더 나아가 집중이 잘되고 만족스러운 하루를 보낼 수 있다.

① 음악

음악은 우리의 기분을 좌우한다. 다소 어색한 모임이나 파티에 다녀온 적이 있는가? 장담하건대 음악이 없었거나 음악이 분위기에 맞지 않았을 것이다. 행사 기획자로 오래 일하면서 음악이 기분을 좌지우지한다는 걸 알았다. 기분 좋은 아침을 위해 마음을 이완시켜 주는 플레이리스트를 만들어 아침을 먹거나 옷을 입는 동안 들어보자.

② 조명

아침에 일어나자마자 밝고 강렬한 조명을 쐬면 뇌가 스트레스를 받는다. 하루의 첫 몇 분간 디지털 기기를 멀리해야 하는 이유다. 일어나서 전체 조명을 켜는 대신 조도를 낮추거나 램프를 켜보자. 태양이 떠올라 주변을 밝히는 것처럼 일어날 시간에 맞춰 차츰 밝아지는 알람시계를 사용하는데 만족도가 높다.

③ 내일을 위한 선물

미래의 당신을 위해 전날에 무언가를 준비하면 스트레스 없는 상쾌한 아침을 맞이할 수 있다. 아침에 일어났는데 전날 밤 이미 식기세척기를 정리했다는 게, 아이들 점심 도시락을 이미 만들었다는 게, 출근 가방을 미리 싸두었거나 입고 나갈 옷을 골라두었다는 게 떠오르면 아주 기분이 좋다.

뭔가 이미 끝냈다는 기분은 환상적이다. 전날 밤 나는 커피 메이커의 타이머를 설정해서 아침에 일어났을 때 커피가 준비되어 있게 한다. 커피향을 맡으면 뇌도 더 빠르게 깨어난다. 얼마나 즐거운가!

명상의 힘

명상은 평온한 상태를 유지하기 위한 활동으로 여겨지곤 한다. 명상은 참된 정신 운동이다. 양치질로 치아를 깨끗하게 유지하듯 명상으로 정신을 맑게 유지할 수 있다. 생각과 생각 사이에 조용한 여백을 찾는 행위다.

만약 누군가 나에게 생산성을 높이기 위해 할 수 있는 딱 한 가지 활동이 무엇이냐고 묻는다면 나는 주저 없이 명상이라고 말할 것이다. 그만큼 명상은 집중력을 높이는 가장 빠른 방법이자 뇌를 훈련하는 지름길이다. 안개를 헤쳐 나가기 위해 애쓰는 대신 안개 위로 올라가고, 고구마 100개를 썰기 전에 칼을 날카롭게 가는 것과 같다. 뇌가 업타임 상태에 도달하는 가장 빠른 방법이다. 그리고 놀랍게도 하루 10분이면 이 효과를 볼 수 있다.

⊘ **10분간 명상할 시간이 없다면 20분간 명상해야 한다.**

— 선불교의 격언

10분을 들여 명상을 하면 한 시간의 업무 시간 동안 두 시간 치의 일을 해낸 것처럼 느껴질 것이다. 명상을 할 시간이 없을 때가 명상이 가장 필요할 때다. 나는 결혼식 날 아침에도 일찍 일어나 명상을 했다. 내 인생 최고의 날을 명료한 정신으로 시작하고 싶었기 때문이다. 내가 10분 정도 늦자 헤어 메이크업 담당자는 약간 화가 났다. 그래도 그럴 만한 가치가 있었다.

규칙적으로 명상 수련을 하기 시작하자 나는 하루의 흐름과 머릿속에 떠오르는 생각이 크게 바뀌는 걸 경험했다. 비행기를 타러 아침 5시에 나가야 해도 반드시 명상을 하고 출발한다. 명상이 내 하루에 얼마나 큰 영향을 주는지 잘 알기 때문이다.

명상이 주는 혜택을 얻으려면 시간이 좀 걸린다. 하루 만에 그런 결과를 꼭 느끼게 되는 건 아니다. 열흘 후부터 느낄 수도 있다. 그래도 한 달 후면 분명히 차이를 느낄 것이다. 명상을 하기 위해 아주 작은 행동이라도 '할 수 있겠다'고 느끼는 시작점을 찾아보자. 하루 10분이 버겁다면 하루 2분은 어떤가? 그 정도만이라도 충분하다.

명상의 종류는 중요하지 않다. 누군가가 이끄는 명상이든 마음을 돌아보는 명상이든 음악을 듣는 명상이든 상관없다. 10분 동안 가만히 조용히 앉아서 돌아가는 에어컨 소리를 조용히 듣는 일처럼 단순할 수도 있다. 집중하지 않는 것에 집중하는 행위가 중요하다.

명상 훈련을 규칙적으로 하면 현재에 훨씬 더 잘 집중하게 되고, 하루의 순간들 사이에 여백이 더 생기고, 모든 경험의 작은 디테일을 끌어낼 수 있다. 가령 화상 회의 중에 당신이 얼마나 집중하는지 깨닫고 놀랄 수 있다. 또 프로젝트 마감 기한이 다가와도, 유난히 할 일이 많아도 별로 스트레스 받지 않는다. 창의적인 아이디어가 더 많이 샘솟고, 정신적으로 더 예리하고 명료해지는 느낌을 받을 것이다. 규칙적으로 명상을 하기만 하면 말이다.

　함께 일하는 어느 동료는 명상의 효과에 대해 이렇게 말해주었다. 구름과 같은 거대한 업무가 존재하지만 명상을 하자 그 구름 위로 올라갔으며, 마음을 무겁게 누르는 업무로부터 큰 영향을 받지 않고 새로운 관점으로 이 모든 걸 보다 명료하게 볼 수 있게 되었다고 말이다.

주의력 훈련

　마치 명상을 한 것과 같은 효과를 일으키는 활동도 있다. 그리고 그 활동에 명상이 더해지면 더 유용하다. 이는 삶의 활동에 명상을 더하는 일이다. 예를 들어 뜨개질, 악기 연주, 독서, 퍼즐 맞추기와 같은 단순한 활동을 하면 뇌가 활성화되면서 집중력 근육을 늘리는 데 도움이 된다. 어떤 것에도 집중하지 않는 명상 시간만큼 강력하지 않을지 모르지만, 많은 사람이 주의를 집중하는 연습도 정신적 명료함을 높이는 데 도움이 된다고 말한다.

　빌 게이츠, 워런 버핏 등 큰 성공을 이룬 전 세계의 수많은 사람들이 공통적으로 책 읽기를 성공의 습관으로 꼽는다. 연구에 따르면 읽기 능력과 인생의 성공 사이에는 직접적인 관계가 있다. 읽기에 능숙한 사람은 더 나은 직업을 갖고, 더 높은 수익을 내며, 더 큰 성공의 기회를 누린다. 정기적인 독서는 주의력을 훈련하고 새로운 아이디어를 생산해 내며, 뇌 안에 여백을 만들어준다. 한 연구에 따르면 매일 6분만 책을 읽어도 스트레스 수준이 68퍼센트나 줄어든다. 책 읽기는 마음을 비우고 몸의 긴장을 최소화하는 데 도움이 된다.

여기서 착안해 나도 해마다 구글 직원들과 한 분기 동안 매주 한 권씩 읽는 독서 챌린지를 주최하고 있다. 많은 참가자가 독서 챌린지를 하는 기간이 그해의 가장 능률이 높은 시간이었다고 말한다. 매주 책 한 권을 읽기로 약속해서 해야 할 일이 오히려 늘어난 걸 생각해 보면 아이러니한 반응이다.

직원들은 독서를 하기 위해 일정 관리를 좀 더 신중하게 하게 되었고, 집중을 잘하게 되었으며, 독서를 하는 동안 집중력 근육이 더 날카로워졌다고 말한다. 독서 시간을 확보하기 위해 소셜 미디어나 텔레비전이나 야근 등의 추가 업무를 최소화하게 되어서 가장 시간을 잘 썼다고 여기는 것이다. 삶의 질이 올라갈 때 생산성이 높아지는 것을 보여주는 아주 좋은 예다. 최상의 상태를 유지하고, 가장 높은 능률로 일하기 위해 잘 쉬고, 좋은 음식을 먹고, 독서와 같은 다양한 활동을 하며 뇌가 쉴 수 있는 기회를 줘야 한다.

아침의 30분 루틴을 위한 시간을 아직 찾지 못했다 해도, 하루 중 1초라도 마음챙김을 할 수 있는 순간을 찾아 명상의 마법을 흉내 낼 수 있는 방법도 있다.

- 눈을 감고 뜨거운 음료 한 모금을 음미한다.
- 뜨거운 물로 하는 샤워의 마지막 순간에 오롯이 집중한다.
- 출근길 운전을 끝낸 마지막 순간에 주차한 차 안에서 음악이나 라디오를 끄고, 오늘 모든 게 완벽하게 흘러가면 하루가 어떤 모습일지 머릿속에 그린다.
- 대화나 상호작용하는 상대방과 진심을 담아 눈 맞춤을 한다.
- 어떤 디지털 기기도 켜지 않은 상태에서 식사나 간식을 홀로 먹으며 맛에 오롯이 집중하는 연습을 한다.
- '양치하는 순간'이나 매일 배우자/자녀/룸메이트와 '처음과 마지막으로 마주하는 순간'을 이용한다. 아침에 처음 마주할 때와 잠자리에 들기 직전 인사할 때 오롯이 현재에 집중한다.
- 사랑하는 사람을 끌어안는 동안 매 순간을 깊이 음미하고 먼저 놓아

주지 않는다.

- 음악을 들을 때는 앨범이나 노래 전체를 듣고 음악의 흐름을 그대로 느낀다. 다음 곡으로 급하게 넘어가면 당신이 그 노래 전체를 얼마나 좋아하는지 잊게 된다.
- 조건–반응 연결고리를 이용해 당신이 해야 하는 간단한 일을 마치고 난 후 감사한 일 한 가지를 떠올린다. 예를 들면 나는 신발을 신을 때 감사할 일 한 가지를 생각한다. 손을 씻을 때 내 손에 흐르는 물을 느끼려 하고 현재에 집중하려 한다.
- 대문을 열고 집을 나설 때 문틀에 멈춰 서서 심호흡을 하고 바닥에 발을 단단히 붙이고 중심을 잡아 그 순간에 집중하고 앞으로의 하루를 보낼 마음의 준비를 한다.

이 모든 소소한 일들이 루틴이 되면 평화롭게 현재에 집중하는 하루를 보낼 수 있을 것이다. 명상이라고 해서 뭔가 대단한 경지에 이르거나 시간을 잡아먹는 일일 필요가 없다. 이러한 아침의 루틴과 마음챙김 연습이 디지털 디톡스와 결합되면 생산성이 높아져 업타임을 달성하는 데 도움이 된다.

업타임 실천 전략

- 아침 30분에 당신을 위한 시간 블록을 설정하고 매일 그 시간에 무엇을 하고 싶은지 정한다. 그날 하고 싶은 일은 무엇이든 한다.
- 매일 명상 연습을 한다. 작고 쉬운 명상부터 시작한다.
- 마음이 편해지는 음악, 부드러운 조명, 뭔가 즐겁게 할 수 있는 일로 아침을 시작한다.
- 정신적 명료함을 위해 하루 중 마음챙김을 할 수 있는 순간을 찾아 루틴으로 만든다.

당신의 업타임은 언제인가?

성공한 사람들은 모두 분명한 목적의식을 갖고 시간을 사용한다. 이제 당신도 그렇게 할 수 있는 도구가 있다. 나만의 흐름에 맞는 자연스러운 방식으로 일을 해낼 것이기 때문에 차츰 더 쉬워질 것이다. 흘러가는 물살을 따라 움직이기에 같은 일을 더 적은 에너지 포인트를 사용해서 해낼 수 있다.

업타임을 달성하면 꼭 해야 할 일을 하며 바쁘게 보내면서도 모든 것을 완전하게 통제하는 듯한 행복감을 느낄 수 있다. 중요한 점은 이러한 조언을 조금만 따라도 삶과 일에 변화가 나타난다는 사실이다. 한 가지라도 경계를 세운다면, 핫 스폿을 한 곳이라도 확보한다면, 50퍼센트만이라도 캘린더 템플릿을 달성한다면, 이 작은 변화만으로도 큰 차이를 느낄 수 있다.

⊘ **속도보다 방향이 더 중요하다.**

업타임은 인생의 운전대를 잡고 정확한 방향으로 나아가는 것과 같다. 분명한 목적과 정확한 방향으로 의도적으로 움직이지 않으면 업타임에 도달하기 어렵다. 얼마나 빨리 도달했고, 얼마나 많이 운전했고, 얼마나 다양한 경로를 알게 되었느냐보다, 적절한 방식으로 운전해 목적지에 도달하는 게 훨씬 더 중요하다. 업타임에 도달하기 위해서는 운전대를 미세하게 조정할 수 있어야 한다. 우선 사항을 정하면 중요한 것에 집중할 수 있다. 자신의 에너지 리듬을 파악하면 가장 잘할 수 있는 때와 장소에서 일할 수 있다. 하루 10분의 명상은 매일의 소소한 변화처럼 보이지만 속도를 안정적으로 유지하고 전반적인 방향을 완전히 제어할 수 있게 해줄 것이다.

업타임에 도달하기 위해 연습하다 보면 뇌의 힘을 이용

하고 뇌의 취약점을 파악해서 당신의 능력을 극대화한다. 업타임에 도달하기 위해 우리는 어디서부터 시작해야 할까? 생산성 강의가 끝날 무렵에 나는 직원들에게 크게 와닿은 세 가지를 적어보라고 한다. 바로 그곳이 시작하기 좋은 부분이기 때문이다. 당신의 머릿속에 울려 퍼져 기억에 남은 일부터 시작하면 된다.

어떤 사람은 리스트 작성법을 이미 실천하고 있지만, 회의가 너무 많아 조정해야겠다고 결심할 것이다. 그런가 하면 일일 리스트 포맷을 좋아하지만 다운타임을 찾기 위한 도움은 필요 없는 사람도 있다. 명상과 충만한 아침에 호기심이 생기는 사람도 있을 것이다. 당신의 뇌는 이미 당신에게 가장 필요한 부분을 머릿속에 기억해 두었을 것이다. 그러니 당신의 뇌를 믿고 거기서부터 시작해 보자.

당신에게 가장 크게 와닿은 장으로 돌아가 마지막에 정리한 '업타임 실천 전략'부터 시작해 보는 것도 방법이다. 책에 소개된 구체적인 순서와 방법을 그대로 따라 하는 것도 좋고, 여러 섹션을 섞고 매치해 보며 자신만의 딱 맞는 조합을 찾아가도 좋다. 가장 인상 깊었던 부분을 아주 조금만 실천에 옮겨도 일과 삶에서 큰 변화를 얻을 수 있을 것이다.

생산성을 측정하는 법

그렇다면 업타임에 도달했다는 것은 어떻게 알 수 있을까? 기업에서는 생산성을 측정하기 위해 얼마나 많은 영업 전화를 돌렸는지, 매출 목표를 얼마나 달성했는지, 직원이 얼마나 유지되고 있는지, 얼마나 많은 양의 코드를 작성했는지 같은 측정 가능한 정량적인 지표로 우리의 생산성을 평가할 것이다. 하지만 한 개인의 삶에서 생산성을 측정하는 가장 좋은 지표는 '당신이 어떻게 느끼는가'가 되어야 한다. 수시로 자신에게 이렇게 물을 수 있다. '활력이 충전되었나?', '내 일을 완전하게 통제하고 있는가?', '창의적이라고 느끼나?', '현재에 오롯이 집중하고 있는가?', '균형이 잡혀 있는가?', '에너지가 충만한가?' 이 질문에 그렇다고 답할 수 있다면, 그게 바로 업타임이다.

현재 당신이 어떤 상태이든 당신이 업타임을 달성하기 위해 나아갈 수 있는 방법은 항상 있다. 전일제로 일하고 네 살 이하의 아이가 셋 있는 나로서는 때때로 스트레스를 받고 삶이 버겁다고 느끼며, 더러 내가 계획한 대로 흘러가지 않는 것 같아 속상할 때도 있다. 가령 아들이 예정일보다 한 달 먼저 태어났는데, 내가 이 책을 탈고하기로 되어 있던 바로 그 시점이었다. 그러한 예기치 못한 상황이 벌어지면, 나는 이 책에서 제시한 바로 그 방법들을 사용해서 스스로를 다독이며 다시 제 궤도로 돌아간다. 책에서 제시한 도구와 기법들이 당신의 능력에 자신감을 불어넣어 주길 바란다.

나에게 교육을 받은 많은 이들이 내게 더 행복해졌고, 더 유능하게 일하고, 더 명료하게 삶을 바라보게 되었다는 메일을 보낸다. 이런 말이 나올 때가 바로 업타임을 마스터했을 때의 모습이다. 이 후기를 읽을 때 가장 뿌듯함을 느낀다. 업타임은 인생, 능력, 관심사, 삶의 목적을 활짝 펼치고 우선 사항들을 순조롭게 해내면서도 동시에 삶의 균형을 찾는 것이다. 인생의 모든 영역에서 전체적인 성취를 이루는 것, 그것이 업타임이다. 업타임에 도달할 도구가 모두 준비되었다. 당신은 이 도구들로 무엇을 할 것인가?

25p   연구 결과: The results of a study: Joseph S. Reiff, Hal E.
Hershfield, and Jordi Quoidbach, "Identity Over Time:
Perceived Similarity Between Selves Predicts Well-Being 10
Years Later," *Social Psychological and Personality Science* 11, no.
2 (2020): 160–67.

32p   오하이오대학교에서의 연구: Arkady Konovalov and Ian Krajbich,
"Neurocomputational Dynamics of Sequence Learning,"
Neuron 98, no. 6 (2018): 1282–93.

44p   아이젠하워 방법: Mind Tools Content Team, "Eisenhower's
Urgent/Important Principle: Using Time Effectively, Not
Just Efficiently," www.mindtools.com/al1e0k5/eisenhowers-
urgentimportant-principle.

45p   아이젠하워가 1954년에 남긴 말: Dwight D. Eisenhower,
Address at the Second Assembly of the World Council
of Churches, Evanston, IL, American Presidency Project,
www.presidency.ucsb.edu/node/232572.

70p   도미니칸대학교의 연구: Sarah Gardner and Dave Albee, "Study
Focuses on Strategies for Achieving Goals, Resolutions,"
press release 266, Dominican University of California,
February 2015.

72p   "두 시간을 절약할 수 있다": Brian Tracy, *Eat That Frog!* (Oakland:
Berrett-Koehler, 2017), chap. 2. (브라이언 트레이시, 이옥용 옮김,
『개구리를 먹어라!』, 북@북스)

83p   "가장 어렵고 중요한 일을 먼저 하는 게 이롭다": 위의 책, 서문.

97p   2016년의 연구: David A. Kalmbach et al., "Genetic Basis of Chronotype in Humans: Insights from Three Landmark GWAS," *Sleep* 40 (2017).

102p   알비온대학 교수의 연구: Mareike B. Wieth and Rose T. Zacks, "Time of Day Effects on Problem Solving: When the Non-Optimal is Optimal," *Thinking and Reasoning* 17, no. 4 (2011): 387–401.

111p   일일 주제가 있는 재계 지도자들: Web Desk, "Find Out the Daily Routines That Drive 40 Successful Business Leaders," Digital Information World, May 25, 2021, www.digitalinformationw orld.com/2021/05/the-work-routines-of-musk-branson-dorsey-37-other-business-leaders.html.

111p   실험심리학 저널에 실린 연구: Joshua S. Rubenstein, David E. Meyer, and Jeffrey E. Evans, "Executive Control of Cognitive Processes in Task Switching," *Journal of Experimental Psychology: Human Perception and Performance* 27, no. 4 (2001): 763–97.

134p   티모시 파이카일: Timothy A. Pychl, *Solving the Procrastination Puzzle* (New York: Tarcher/Penguin, 2014).

134p   과업의 일곱 가지 특징: Chris Bailey, "Here's Why You Procrastinate, and 10 Tactics That Will Help You Stop," interview, ChrisBailey.com, March 27, 2014, chrisbailey.com/why-you-procrastinate-10-tactics-to-help-you-stop/.

147p   2006년 듀크대학교 연구: David T. Neal, Wendy Wood, and Jeffrey M. Quinn, "Habits—A Repeat Performance," *Current Directions in Psychological Science* 15, no. 4 (August 2006): 198–202.

150p   2009년의 연구 결과: Philippa Lally, Cornelia H. M. van Jaarsveld, Henry W. W. Potts, and Jane Wardle, "How Are Habits Formed: Modelling Habit Formation in the Real World," *European Journal of Social Psychology* 40, no. 6 (July 2009): 998–1009.

153p   시간 이정표의 힘: Daniel H. Pink, *When* (New York: Riverhead Books, 2018), Part 2, chap. 3. (다니엘 핑크, 이경남 옮김, 『언제 할 것인가』, 알키, 2018년)

160p   베이비 몬테소리 육아대백과: Simone Davies and Junnifa Uzodike, The Montessori Baby (New York: Workman, 2021), chap. 5. (시모네 데이비스, 주니파 우조다이크, 조은경 옮김, 『베이비 몬테소리 육아대백과』, 키출판사, 2021년)

168p   심해 다이버 집단 실험: Jaap M. J. Murre, "The Godden and Baddeley (1975) Experiment on Context-Dependent Memory on Land and Underwater: A Replication," *Royal Society Open Science* 8, no. 11 (2021).

193p   교육 플랫폼 브레인스케이프의 계산: Andrew Cohen, "How Keyboard Shortcuts Could Revive America's Economy," Brainscape, n.d., www.brainscape.com/academy/keyboard-shortcuts-revive-economy/.

197p   캘리포니아대학교의 연구: Gloria Mark, Daniela Gudith, and Ulrich Klocke, "The Cost of Interrupted Work: More Speed and Stress," *CHI '08: Proceedings of the SIGCHI Conference on Human Factors in Computing Systems*, April 2008, 107–10.

200p   20초 규칙: Shawn Achor, *The Happiness Advantage* (New York: Crown Business, 2010), Part Two, Principle #6.

232p   《하버드 비즈니스 리뷰》의 설문조사: Leslie A. Perlow, Constance Noonan Hadley, and Eunice Eun, "Stop the Meeting

Madness," *Harvard Business Review*, July – August 2017, 62 – 69.

232p 《슬론 매니지먼트 리뷰》에 실린 한 기사: Steven G. Rogelberg, Cliff Scott, and John Kello, "The Science and Fiction of Meetings," *MIT Sloan Management Review*, December 2007, 18 – 21.

240p "회의에 일곱 명 이상 참석하면 의사결정의 유효성이 떨어진다": Marcia W. Blenko, Michael C. Mankins, and Paul Rogers, *Decide & Deliver* (Boston: Harvard Business Review Press, 2010), chap. 4. (마르시아 블렌코, 정지택 역, 『결정하는 조직 행동하는 조직』, 청림출판, 2011년)

251p 허브스팟의 데이터: "Email Marketing: Open Rate Increased by Over a Quarter Compared to March," Netimperative, May 13, 2020, www.netimperative.com/2020/05/13/email-marketing-open-rate-increased-by-over-a-quarter-compared-to-march/.

251p "시간당 약 11번 이메일을 확인한다": Gloria Mark, Shamsi T. Iqbal, Mary Czerwinski, Paul Johns, Akane Sano, and Yuliya Lutchyn, "Email Duration, Batching and Self-interruption: Patterns of Email Use on Productivity and Stress," paper, CHI Conference, May 2016.

265p IBM의 연구: Steve Whittaker, Tara Matthews, Julian Cerruti, Hernan Badenes, and John Tang, "Am I Wasting My Time Organizing Email? A Study of Email Refinding," *CHI '11: Proceedings of the SIGCHI Conference on Human Factors in Computing Systems*, 2011, 3449 – 58.

270p 크리스틴 풀러의 글: Kristen Fuller, MD, "JOMO: The Joy of Missing Out," *Happiness Is a State of Mind* (blog), *Psychology Today*, July 26, 2018, www.psychologytoday.com/us/blog/happiness-is-state-mind/201807/jomo-the-joy-missing-out.

290p　　"책을 매일 6분만 읽어도 스트레스 수준이 떨어진다": Andy
　　　　Chiles, "Reading Can Help Reduce Stress, According
　　　　to University of Sussex Research," *The Argus*, March 20,
　　　　2009, www.theargus.co.uk/news/4245076.reading-can-
　　　　help-reduce-stress-according-to-university-of-sussex-
　　　　research/.

옮긴이 이현

한국외국어대학교 통번역대학원 한영과를 졸업하고 금융, 법률 등 다양한 분야에서 산업 번역사로 활동하다 오랜 세월 목표로 했던 출판번역가가 되었다. 현재 출판번역 에이전시 '글로하나'에서 인문, 경영경제, 자기계발 등 다양한 분야의 영미서를 번역하고 리뷰에 힘쓰면서 출판 번역가로 활발하게 활동하고 있다. 역서로는 《잃어버린 집중력 구하기》《프리즘》《정원의 철학자》《AI 2041》《게으르다는 착각》《최고의 체력》《우리는 모두 돌보는 사람입니다》가 있다.

복잡한 세상을 이기는 완전히 새로운 일의 방식

업타임

초판 1쇄 인쇄 2024년 8월 6일
초판 1쇄 발행 2024년 8월 14일

지은이 로라 메이 마틴
옮긴이 이현
펴낸이 김선식

부사장 김은영
콘텐츠사업본부장 박현미
기획편집 옥다애 **디자인** 황정민 **책임마케터** 오서영
콘텐츠사업4팀장 임소연 **콘텐츠사업4팀** 황정민, 박윤아, 옥다애, 백지윤
마케팅본부장 권장규 **마케팅1팀** 최혜령, 오서영, 문서희 **채널1팀** 박태준
미디어홍보본부장 정명찬 **브랜드관리팀** 안지혜, 오수미, 김은지, 이소영
뉴미디어팀 김민정, 이지은, 홍수경, 변승주, 서가을
지식교양팀 이수인, 염아라, 석찬미, 김혜원, 백지은, 박장미, 박주현
편집관리팀 조세현, 김호주, 백설희 **저작권팀** 한승빈, 이슬, 윤제희
재무관리팀 하미선, 윤이경, 김재경, 임혜정, 이슬기
인사총무팀 강미숙, 지석배, 김혜진, 황종원
제작관리팀 이소현, 김소영, 김진경, 최완규, 이지우, 박예찬
물류관리팀 김형기, 김선민, 주정훈, 김선진, 한유현, 전태연, 양문현, 이민운

펴낸곳 다산북스 **출판등록** 2005년 12월 23일 제313-2005-00277호
주소 경기도 파주시 회동길 490 다산북스 파주사옥 3층
전화 02-702-1724 **팩스** 02-703-2219 **이메일** dasanbooks@dasanbooks.com
홈페이지 www.dasanbooks.com **블로그** blog.naver.com/dasan_books
용지 신승아이엔씨 **인쇄** 민언프린텍 **제본** 다온바인텍 **코팅 및 후가공** 제이오엘앤피

ISBN 979-11-306-5341-9 (03190)

다산북스(DASANBOOKS)는 책에 관한 독자 여러분의 아이디어와 원고를 기쁜 마음으로 기다리고 있습니다. 출간을 원하는 분은 다산북스 홈페이지 '원고 투고' 항목에 출간 기획서와 원고 샘플 등을 보내주세요. 머뭇거리지 말고 문을 두드리세요.